きんじょ

いしいしんじ

まえがき

二〇〇四年から信州の松本に住んでいた。ぶどう畑のまんなかの、軍艦のブリッジみたいな一軒家だ。春夏秋はすこぶる住みやすいけれど、冬は、朝方、座敷の窓の内側につららが垂れ、風呂場ではプラスティックの椅子とセッケン箱とたらいがすべて、ひとつの同じ氷のなかに、じゅんさいみたいに閉じ込められてしまう、極寒の地。

奥さんの園子《そのこ》さんが松本の染織の先生に弟子入りし、それで住むようになった。ぶどう畑からまちなかへ自転車で駆け降りていく園子さんのとなりを、かつかつかつ、と足音をたてて、鹿が追い抜いていく、という感じの土地だ。厳しいこともあったし、たのしいこともあった。そして、二〇〇八年の秋、借家の契約期限、五年が過ぎようとしていた。

仕事がら、日本じゅうどころかこの星のどこに越したっていいはずなのに、その引っ越し先を探す時間が、なかなかとれない。園子さんがネット上で、瀬戸内や熊本あたりのよさげな物件をいくら見つけても、その物件情報だけではそこへ住んでいいものやらどうかまったく判断がつかない。その家の裏は、いきなり三〇〇メートル切り立った断崖絶壁かもしれない。庭に外国からの相撲取りくずれが住みついているかもしれない。その町内は黒地蔵というものによって呪われてしまっているかもしれない。

そんなある日、園子さんが不意に、

「しんじさん、京都はどう？」

といった瞬間、なにかがヒュッと腑《ふ》に落ちた。京都なら、小学生のころから市電でうろついていたし、大学生だった四年間住んでもいた。どのあたりがどんな感じか、ぐらいなら、なんとはなしにわかる。

園子さんは昼夜ディスプレイをにらみ、そのときネットに出ていた京都市内の不動産情報を、隅から隅まで洗い尽くし、そして究極の三軒にしぼった。僕はそれぞれの場所をあんまり詳しくはきいていなかった。たしか十月だったとおもうけれど、友人の寸劇集団・鉄割《てつわり》アルバトロスケットが京都で公演する、と知らされ、観劇のついでに、園子さんと、三つの物件を見せてもらいにいこう、ということになった。

ホテルに荷物を置き、鉄割が芝居小屋を建てている、ときかされた河原にいくと、遅刻してしまい、公演は終わっていた。メンバーの戌井《いぬい》くんらはみな酔っぱらっていて、「しんじさん、来なくってよかったっすよ、ほんとサイテーの芝居だったっすから。でも、夜の部、橋わたったところにあるライブハウスでやるんで、よかったら来て」といわれた。

鴨川の、丸太町橋西詰、南側の柳の下から、ヒョイ、と東側の、「橋わたったところ」を見あげ、僕は「ア」とおもった。

「園子さん、いこう」

「え？」

「ちょっと、あっちいってみよう。たぶんあっちに、家ある」

「でも、物件の地図もなにもいま、もってないわよ」

「とにかく、いってみよう」

といって、僕たちは橋を渡った。「橋わたったところにあるライブハウス」のポスターが階段の降り口に貼られていた。そのすぐ南に、ほとんど路地みたいに細い一方通行の道が東にのびていて、僕は泥のあなにもぐりこむうなぎのように、するする、するする、とその道の奥へ奥へ泳ぎこんでいった。こんな風に町家が軒を連ねる古い長屋は、左京区ではわりとめずらしい。

と、てん、てん、てん、とピンクのゴムボールが転がってきて、しゃがみこみ、拾いあげた瞬間、さらに細い小道から丸坊主の小学生が駆け出てきて、

「あ、ありがとうございます！」

と元気よくいった。ボールを手渡すと、出てきたときと同じ勢いで小道に駆け込んでいっ

た。それがちょうど、いま住んでいるこの家の玄関の前だった。二〇〇八年の秋。

もうじき十年が過ぎる。小学生の野球少年は男前の高校生に育った。お向かいの奥村さんは朝夕いつも元気に挨拶をくれる。はす向かいの廣田さんのうちからサックスの音が聞こえてくれれば、その日は仕事がお休みだ。井上さん夫婦はいつも走っている。シェパードのヒメちゃんの目はたいがい泣きそぼったようにやさしく赤い。

ミシマ社が引っ越してきた。

堂々とうろつく猫がふえた。

ひとひが生まれ、小学生になった。

それ以外は一見、ほとんどなんも変わらない、うちの「きんじよ」の話。京都の、風のとおりのよい街路を散歩するつもりで、のんびりページをめくってみてください。気がついたらいつのまにか、沖縄やバリに吹っ飛ばされているときも、たまにありますが。

いしいしんじ

きんじよ　目次

扉題字・地図　いしいひとひ

第１回　かめ

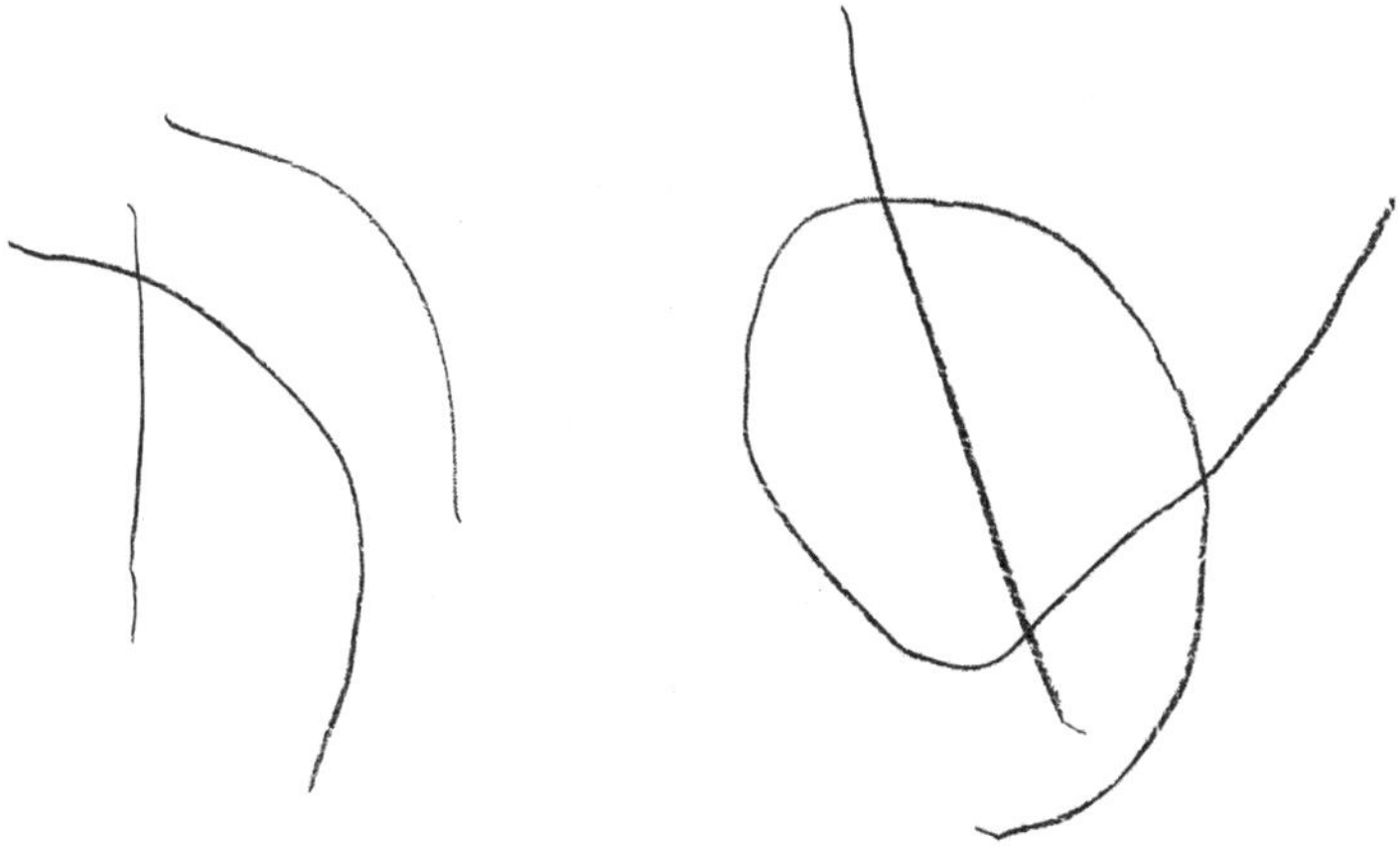

川端丸太町交差点近くに住んでいる。園子さん、僕、五歳のひとひ。三人暮らしにはたぶん大きすぎる二階建ての町家。「およぎ」の踏水会《とうすいかい》、京大熊野寮にも近い。

さらに近くにミシマ社が越してきた。看板を頼りに、ふらっとはいっていったら、向こうも、僕が近所の住人だと周知していた。

ガケ書房だったホホホ座の店主、山下くんの亀がミシマ社で飼われていた。ガケ書房のガラスに小説を書いたとき、踏まないよう気をつけてください、と真顔で山下くんから注意をうけたその亀に、餌《えさ》をやるのが、五歳のひとひの楽しみとなった。四歳のころから僕の本に「ひとひ」とサインするのが好きだった。五歳の誕生日をすぎて、ちいちゃい「つ」や濁点はひっかかるものの、ひらがなは全部読めるようになった。そして、新しいことばを大きい紙に書くのも大好きになった。

これぐらいの年に僕はすでに、『ぶらんこ乗り』のはじめに載せた「たいふう」を書いていたわけだ。人間にはいろんな可能性が秘められている。

新刊『且坐喫茶《しゃざきっさ》』は、お茶の本だ。日本全国の一風変わった茶人を訪ね、いっしょにお茶をいただいた一年の記録。

「とどけにいこか」

「うん」

ということで、ひとひと僕と、自転車に乗り込んだ。ひとひのはペダルのない、足で蹴って進むストライダー。僕のロードレーサーにはサドルがない。市役所前広場の駐輪場で盗まれてしまった。ひとの尻の下に二十五年敷かれていたものをもっていって、いったいなにに使うのか。

川端仁王門の韓国スープ料理屋「ピニョ食堂」に届けた。当然ひとひサイン。ここの主人夫婦にもこの十月赤ちゃんが生まれた。ひとひが生まれたのと同じ月、同じ産院。

御池大橋を渡って、市役所前広場をつっきったところで、公衆電話をかけた。その間ひとひは「10000t《ジュウマントン》アローントコ」にのぼっていって加地《かじ》くんと遊んでもらう。ひとひはここでレジ打ちと数字の読みを勉強中。棚の上には愛読書の『頭文字D』を全巻キープしてある。

「一保堂《いっぽどう》」にかけてみると渡辺都さんはお留守だった。岡崎方面へ足を伸ばしてみることにした。二条通を西へ西へ、動物園の門をまがって仁王門通、さらに西へ。南禅寺前の交差点で梶裕子さんが手を振っている。梶さんのお店「うつわや　あ花音《かね》」では、園子さんや親しいひとの誕生日にいつも食器を買う。ワニが描いてある大皿や、蜂の巣みたいにきれいなガラスのコップ。ひとひは裕子さんを親友だと思っている。加地くんも山下くんも都さんもピニョ夫婦も、みんな親友だと思っている。ひとひの「きんじよ」は、それと同じ。どこにいったって「きんじよ」だ。

『且坐喫茶』にサインし、国際交流会館のソファーで、ひとひと裕子さんは同じお菓子を分け合う。園子さんが作った「りんごポムポム」。前来たときは、ひとひは裕子さんのアルファロメオ・ジュリエッタで家まで送ってもらった。この日は新しく整備された公園でサッカーと「うんどう」をした。

帰り、夷川《えびすがわ》疎水《そすい》をつむじ風みたいに通り過ぎると、地面にすわった名物のおっちゃん、銅細工の銅心さんの声が、「オーウ、いっつも、げんきやなー」と追いかけてきて滝に落ちた。この疎水をまっすぐいったらミシマ社がある。まっすぐいかず、右に折れて、橋を渡ってうちに帰る。

第２回　くるま

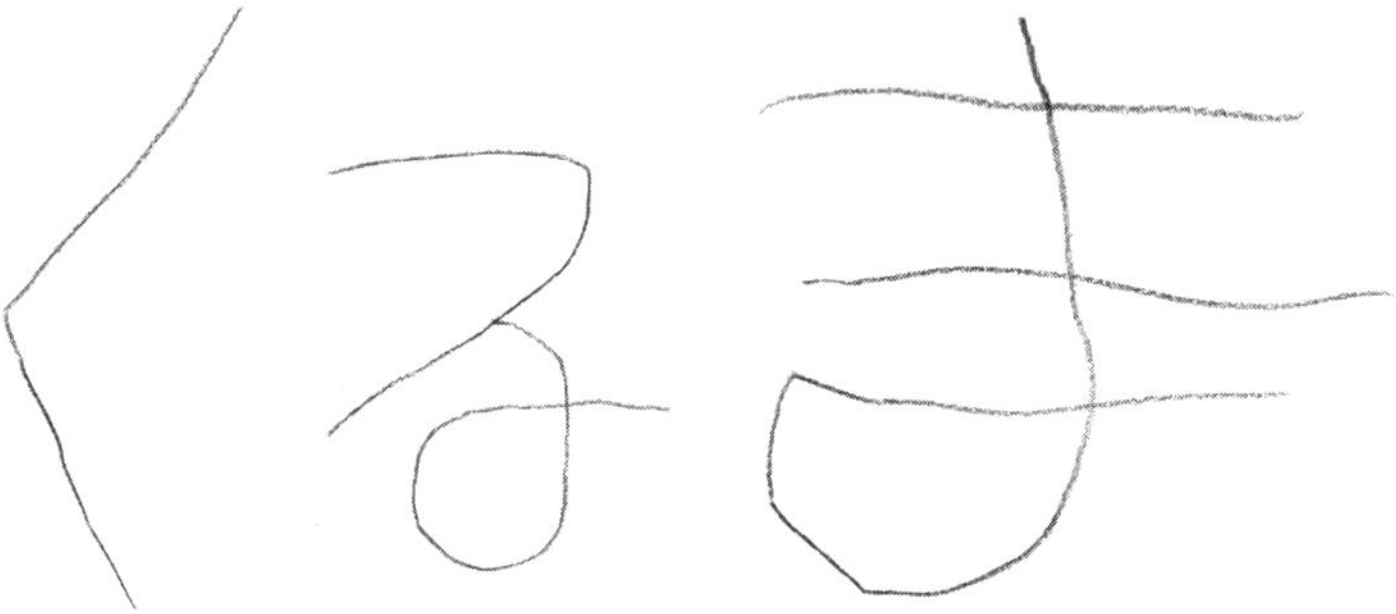

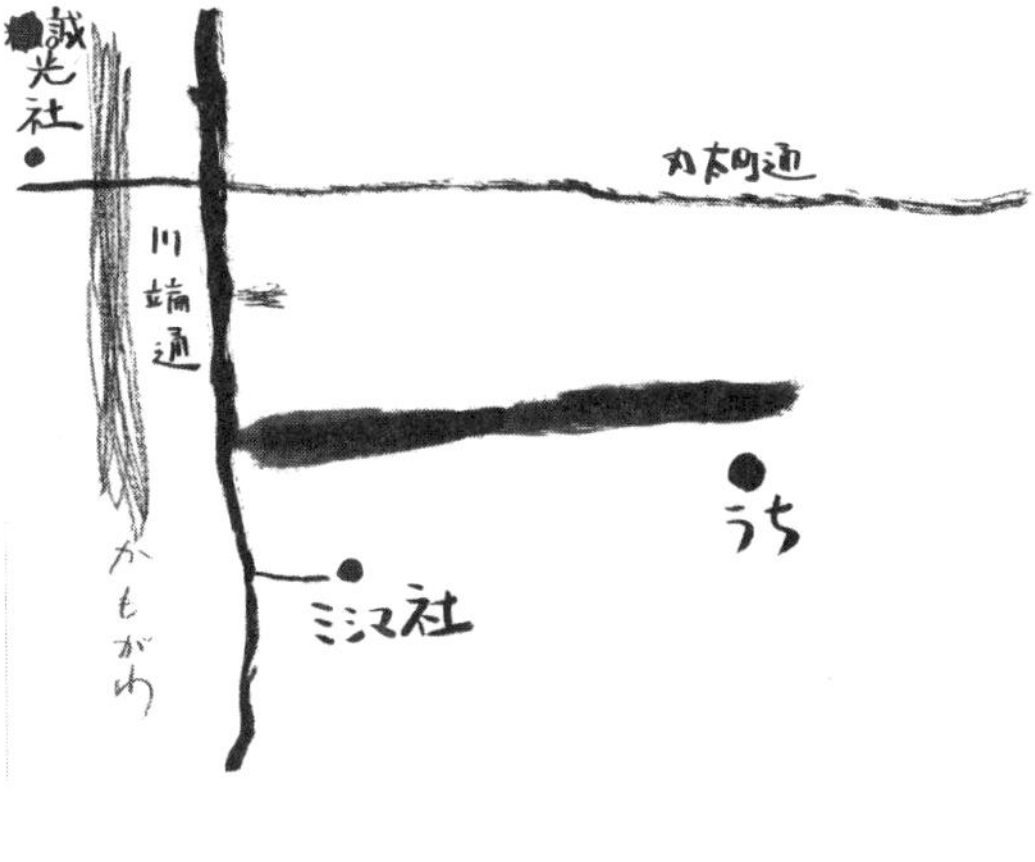

十一月末のある朝、進々堂の寺町店で書きものをして、自転車で帰りしな、ふと思い立ってハンドルを切り、桜湯のある通りをはいっていったら、誠光社《せいこうしゃ》がオープンしていた。もと恵文社の堀部さんが、まっさらな状態からはじめた書店。店内にもやはり、まっさらな木の匂いがたちこめているのは、切りたてそのままの木材が、壁や棚のかたちでその場に林立しているから。

店の奥のカウンターで、まるで喫茶店のマスターみたいな立ち姿で、堀部さんが、青白い顔をして笑っている。たぶんこの三日間くらい、時計やカレンダーでははかれない時間のなかを、堀部さんのからだは通過してきたのだ。僕は、瀬戸内海の直島で、銭湯「I♡湯」を完成させた当日の、大竹伸朗さんの、「やっちまったよ」とでもいいたげな、はにかんだ笑顔を思いだしていた。

店じゅうの棚には、堀部さんの時間が凝縮して置かれ、一冊でも抜き出すと、その穴を中心に空間が崩壊しかねなかった。そんなバランスを、五歳の息子ひとひはあっさりと跳躍し、軽々と一冊の本を選びだすと、

「これー」

とレジの前の僕のところへもってきた。タイトルは『RARE　ナショナルジオグラフィックの絶滅危惧種写真集』。それぞれの見開きに、息をのむような美しい、生物の写

真があらわれ、ページの端に「１２００」や「４３０」といった数字が掲げられる。この地球に生き残っているその動物の個体数だ。

「おー」

と嬉しそうに堀部さん。

「いい本、えらぶねー」

そういわれてひとひも嬉しそうだ。この書店ではじめてひとひが買った本は、この写真集、ということになった。

自宅から最も近い書店が、ここ誠光社。五歳、六歳を過ぎ、小学生になってから、高校生までのあいだ、ほぼ毎日この書店へ通うことになったなら、それはなんという僥倖だろう。

オープンしたその週の土曜日、夕方の四時頃から、店の奥のスペースに蓄音機のコロちゃんを据え、エルヴィスやスタン・ゲッツのレコードを店内に流した。木製のボディが鳴らす生々しい音は、店内の木材と共鳴し、まるで僕たちは、ゴーシュの奏《かな》でるチェロのなかで、からだを休めるねずみにでもなった気分だった。蓄音機イベントは、誠光社でこれから、定期的におこなうことにしようかと、堀部さんとそう話している。

「くるまの本」が少ないのが、ひとひは少し不満らしい。店の右奥の棚の一番下に、保育社の「カラーブックス」がまとめて並べてある。このなかの「近鉄電車」と「クラシックカー」は、ひとひが「おみせよう」としてキープしてあるもの。ほかのお客さんに買われないよう、自分では上手なつもりで、束のいちばん奥に隠してあるから、興味のあるかたはどうぞ探してみてください。でも、買わないでやってくださいね。

第３回　まんざい ぼんち

何年前になるか、オープンの日、自転車で前を通りかかったら、お店のおにいさんが花輪の前にしゃがみこんでいた。

「とんかつの店ですか」

サドルにまたがったまま尋ねたら、

「はい、まあ」

と、なにか悪いことしてるのを見つかった子どもみたいな照れ笑いで、お店のおにいさん、清水さんは振り返った。

それからしばらくの間があった。夜に、赤ん坊のひとひを置いて、ひとりで飲みに行く気はおきなかったし、なによりうちの園子さんが、毎食、世界最高の居酒屋みたいな献立をそろえてくれた。

今年、二〇一五年の夏のある日、ふたりは東京の、園子さんの実家にいっていていなかった。こういう場合の晩ごはんは、ほとんど、高校生のころから通っている北白川の「おおきに屋」で取ることにしている。大阪のチョー有名なお笑い芸人もひいきにしている、京都最強のごはん屋さんだ。

ところがその日はたまたま木曜日、「おおきに屋」の定休日だった。ひとりでずっと朝から書いていたので、気がついたらおなかが空っぽで、その胃のなかからマンガのふきだ

しのように、

「とんかつ」

という字が、ふわりと口もとに浮かびあがった。

ひとりででかけてみると、薄暗いなかに、木の長いカウンターが伸びていて、近所で顔をみたことのあるような、ないような、おにいちゃんおねえちゃんが、しきりにグラスを持ち上げながら、楽しげにふわふわ揺れている。「とんかつ」と書いてあるけど、ここは「とんかつ」だけじゃない。そう感じ、カウンターのなかでいそいそ動きまわる清水さんに、

「おまかせで。なんでも」

と告げた。

「はい、あなご、あるんで」

といって清水さんは、カウンターくらい長い（そのときはそう見えた）大あなごを片手にぶらさげてゆらゆら揺すった。そうか、とおもった。ここは、一見陸上にみえて、海なんや。京都の深い、海の底や！

それから何度も、思いついた夜はひとりで足をむける。いつでかけても、ぼーっとしたマンボウや、くねくね動くミズダコ、ひらひらと泳ぎまわるうつくしいクラゲ、タツノオトシゴ、ときには鋭い目のシュモクザメなんかがうごめいていて、そういうなかに僕は腰

をかけながら、夜の波打ち、時間の満ち引きを、闇のなかにかぎ取ろうと鼻を動かす。清水さんみずから漬け込んだオリジナルの酒を口にはこび、その日はいったふしぎな食材がそこらで跳ねまわるのを眺めている。

お坊さん、学生、弁護士、作家、社長、歌舞伎役者、幽霊、落ち武者、ざしきわらし。ありとあらゆる京都のいきものが、空気を波うたせながら通ってくる。

いま京都でいちばん勢いのあるお店。「おおきに屋」が開店した当初は、きっと「とんかつ清水」そっくりだったんじゃないか。この原稿を書いている、前日、当日と、園子さんとひとひは東京にいって留守なので、ゆうべは当然いったし、今夜は東京から新聞のひとがくるので、連れていくつもり。「誠光社」「とんかつ清水」さらに「國田屋酒店」が、徒歩一分の圏内にひしめく。京都の海底の一角にいま、恵比寿《えべ》っさんの冗談みたいな、奇跡の生態系がうまれている。

第４回　けいはんばす

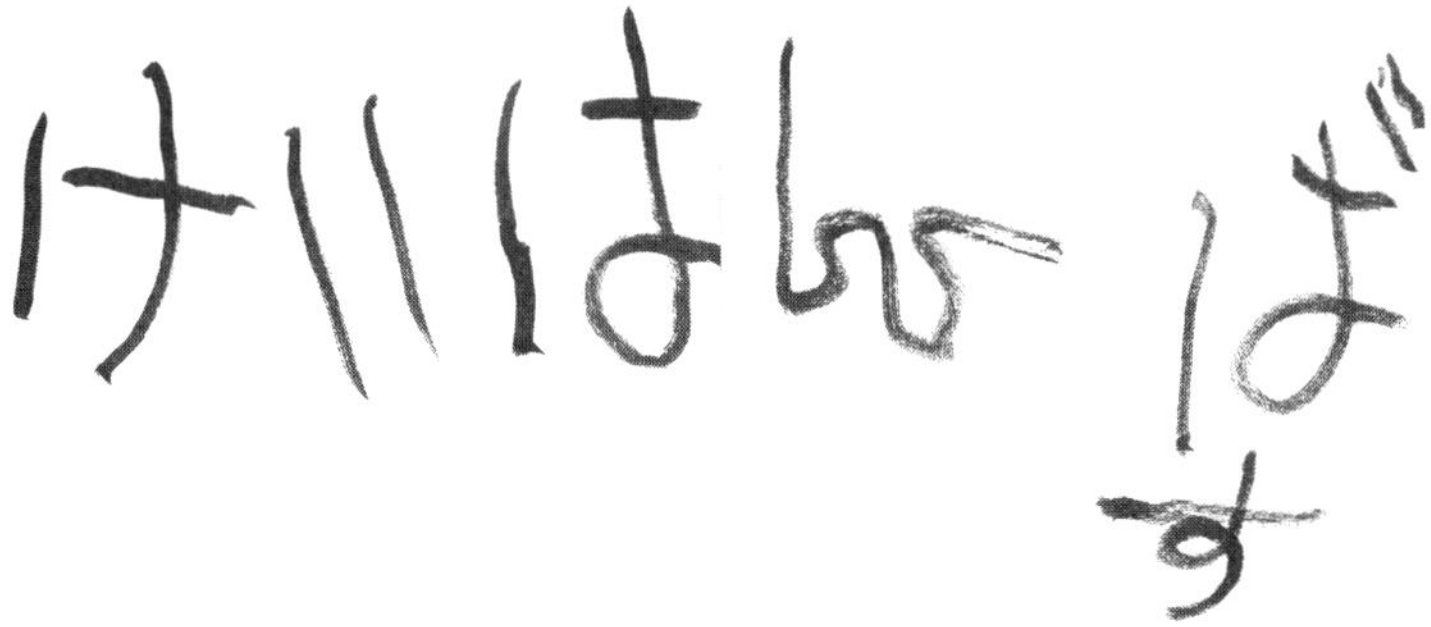
けいはんばす

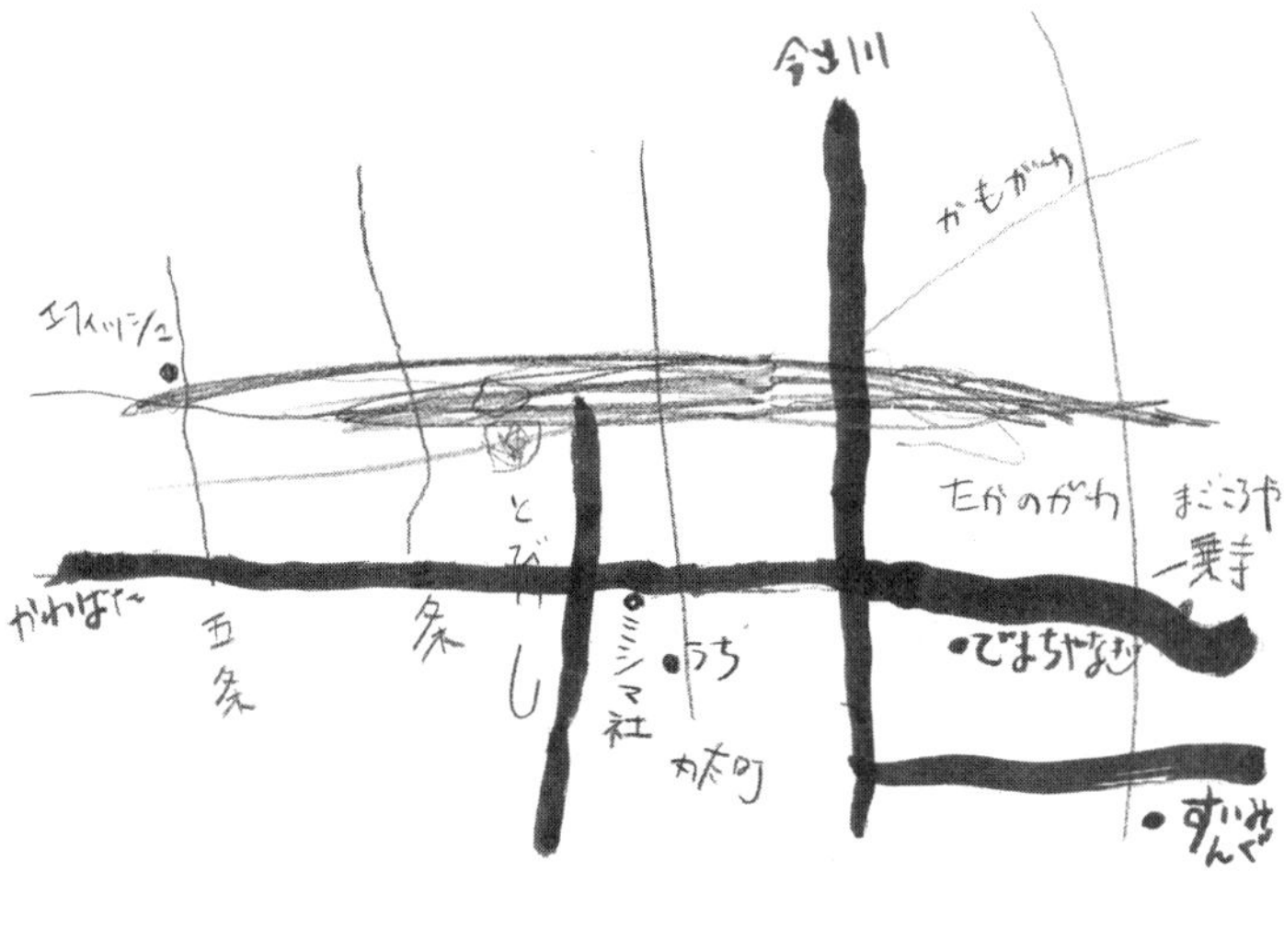
今出川
かもがわ
エフイッシュ
たかのがわ
まごころや
一乗寺
かわばた
五条
条
ミシマ社
うち
丸太町
でまちやなぎ
すいみんぐ

園子さんが用事でまるまる一日家にいないとき、ひとひと僕はよく、「バスのたび」をする。京都市バスの一日券を五〇〇円で買って、東西南北、碁盤《ごばん》の目を、あっちへ、こっちへ移動する。よく知っているとおもっていた景色も、はじめて乗るバスの車窓から眺めると、まったくあたらしい光とかたちをもって、目の前にあらわれる。

十二月の初旬、うちでたっぷり「やまは」の練習をやってから、お昼前、ふたりで追いかけっこしながら、三条京阪の駅まで歩いていった。そこからまず、比叡平行きの「けいはんばす」に乗る（京阪バスは、市バスの一日券が使えません。念のため）。熊野神社を過ぎるあたり、比叡山まであがると他になんにもできなくなってしまう、と思い当たり、ひとひと相談し、銀閣寺前で降りることに。公衆電話から「おおきに屋」に電話すると、最近いそがしく、ランチ営業はやってない、とのこと。

「じゃあ、よこにすわるえいでん、のって、おにぎりたべよか」

「うん！」

一七系統の市バスで出町柳まで。「よこにすわるえいでん」とは、ソファ席のついた、鞍馬行きのパノラマ車両のこと。ところが、駅でのトイレに時間がかかり、車両に飛び乗れたはいいものの、駅前のお弁当屋さんで、おにぎりを買うひまがなかった。

「おなかすいたかな」

「うーん。すいたわ」

とひとひ。

「このでんしゃ、いっかいのられたから、おりて、おひるごはんたべるわ」

一乗寺で下車（叡電は、もちろん、市バスの一日券が使えません。念のため）。ラーメン屋はいつも混んでいる。うどん屋はたまたまお休み。うろうろ歩くうち、魚屋さんに隣接した素敵な居酒屋・定食屋「まごころや」の前に出た。

「ここええやん」

「はいろ、はいろ」

中学生男子ふたりのような親子。ここでひとひは、工事のおっちゃん一人前はある、大盛りのお刺身定食を平らげました。お味噌汁をのんで「あー、おいっしーなあ」と、こんなにうまそうな顔をしたのも初めてだった。

高野まで歩き、三一系統に乗って東山二条でおり、府立図書館まで歩いて「郷土資料」コーナーを物色。「けいはんバス」と「しバス」の本を借り出す。新たにできたシャトルバス「おかざきループ」に乗り、河原町三条でおり、BAL《バル》地下の丸善で、電車の本を立ち見。

「おやつたべにいく。ごじょうの、はしの、ぎりぎりのきっさてん」

とのことで、二〇五系統に乗り、河原町五条。川に「ぎりぎりに」面した、おしゃれすぎるカフェ「エフィッシュ」へ。じつは、ひとひにとって、丸太町通からここまでが、自転車の「きんじょ」圏内。鴨川の左岸をつーっと通って、おやつを食べにくる。

今日も「洋ナシのラッシー」を飲み、僕のビールについてきたピスタチオの皮を口にいれてなめている。なぜか実でなく皮が好き。ソファ席で、わざわざ持ってきた愛読書『頭文字D』の第五巻をひらく。ギュイーン、ガガガ、ゴゴゴゴー。

冬の夕暮れ、アオサギがぼーっと、なんにも考えていない風に立っている。夕焼け雲のなかに、この星の行く末を見てとっているのかもしれない。公衆電話からかけてみると、園子さん京都駅についてもうすぐ帰る、とのこと。五条大橋を渡り、京阪電車の普通に乗って（もちろん、市バスの一日券は使えません）神宮丸太町駅へ。五時過ぎ、うちに帰る。

第５回　こーひー しゃちょう すごい じょうず

ひとひが成長していくこれまでの過程を、両親の次につぶさに見守ってきてくれたひとが、Hifi《ハイファイ》 Cafe《カフェ》の「よしかわくん」だ。

二〇一一年の酷暑の夏、敬愛する「日本酒研究家」松井薫さんに「ちょっとすずみにいこか」と、一家で誘われ、足を踏み入れたのが最初。畳敷きの広々とした空間に、四千枚のレコード、旅と音楽にまつわる万巻の書。店主の吉川さんは「あ、どうも」と、樹木の陰から顔をだした森の動物みたいに頭をさげた。生後九ヶ月のひとひは、心地よさげにごろごろと寝返りをうつと、大きく伸びをし、なわばりを確かめる猫のようにハイハイをはじめた。

町家カフェ、でない、「吉川さんの家」そのものの店の内装を手がけたのが、建築士でもある松井さんだったのだ。

うちは古い町家で冷房の設備がない。一階二階一台ずつの扇風機で夏の暑さをしのいでいる。とはいえ、どうしてもがまんならない炎暑、というのはあり、そんな午後、Hifi Cafeにでかけるのが日課となった。まさにハイハイ・カフェ。僕はビール、園子さんはコーヒーフロート、ひとひはゴロゴロ。週に四、五日はかよったろうか。ハイハイがうまくなり、つかまり立ちをし、階段をのぼり（Hifi Cafeの階段が人生初階段だった！）、とっとっと、と歩き。吉川さんはすべてを間近で見ていた。おじいちゃんおばあちゃんとくらべてさえ、会っている回数は段違いに多い。

一番の常連であるひとひは吉川さんを「社長」と呼びはじめた。ことばをおぼえたてのひとひは、Hifi Cafe にいくことを、「しゃちょーとこ、いく」といいだした。生後半年でレコード好き、去年まで三度つづけて「レコマツ」のステージでDJをつとめたひとひにとって、「しゃちょーとこ」は、家の外にある「じぶんのへや」である。

「外」にある「内」。そういう場所をいくつもっているかで、京都で生きていく楽しみの量が決まってくる、というところもある。Hifi Cafe。國田屋酒店。誠光社。ミシマ社。10000tアローントコ。ひとひが生きている実感として、住所や距離をこえ、すべての場所が、ドア一枚へだてた「じぶんのへや」なのにちがいない。

最近は若い女性ふたり連れ、なんていう光景もふえた。遠く九州から訪ねてきた初老の夫婦もいる。あの格子戸の前で、みなが、ああ、今日もやっててくれた、と少しだけほっとする、京都の、レコードの穴みたいな喫茶店は、今年で五周年をむかえる。ひとひもそれにあわせ六歳になる。内と外は、くるくると循環しながら、じょじょに膨らみ、ひろがっていく。

週に二度は、Hifi Cafe にいこう。五歳の店の、これからの成長を見守っていこう。

二年前だったか、冬のある日訪ねると、吉川さんが心なしか、しょんぼりとした横顔をみせている。

頃合いをみてカウンターから声をかける。

「きのう、十日戎《えびす》、いってきたんです。柄にもなく」

吉川さんは訥々《とつとつ》と、いつもの調子でいった。

「ところが、手を合わせた瞬間、家内安全、って祈願してしまったんです」

こんな店主が、ひとり十五分かけて一杯のコーヒーを煎れる。四人だと一時間。みなさん、Hifi Cafe にいきましょう。

第６回　きんじょ

山本家、落合家とは、親子ふくめて、誰かの誕生日や長い休みには、集まれるかぎり三家族で集まることにしている。

はじまりはスイミングだった。出町柳のスポーツクラブ「ヘミング」の、ベビースイミングの教室に通いだしたのは、ひとひが生後八ヶ月の頃。

親子でプールにはいり、親は赤ん坊を抱っこして、かけ声に合わせて高々とさしあげたり、水面でゆらゆら揺らせたりしながら、二五メートルプールの端から端まで歩く。あるいは赤ん坊にヘルパーをつけ、手をつないで水面を滑らせる。親子十数組いるなかで、男親はふた組ほどしかいない。

三歳まで「ベビー」のクラスがつづく。ひとひは「ももちゃん」「もっちゃん」ふたりの女の子と仲良くなった、というより、女子ふたりのおもちゃ、しもべとなった。

二歳三歳で、女の子はすでに立派な「女性」「おんな」である。いっぽう男の子は、もうそのときから中学生的な「あほさ」を露呈している。落合家のももちゃんがひとひより半年、山本家のもっちゃんが三ヶ月年上。乳幼児にとっては那智《なち》の滝くらいの落差だろう。

おかあさんらふたりは、結婚する前からの仲良し。話してみると、ふた家族とも、うちから鴨川を渡って、ほんのすぐのところに住んでいる。たちまち交流がはじまった。もっちゃんの誕生日には僕がハッピーバースデイをへたなサックスで吹いた。ひとひの誕生日にはももちゃんからひとひへ人生初のラジコンカーが手渡された。

そうしたイベントばかりでない。三歳を過ぎてから、スイミングの行き帰り、もっちゃん、ももちゃん、ひとひの三人は、軌道をはずれたほうき星みたいにくるくるまわり、走り、笑い、つっつきあい、転び、泣き、泥を跳ね上げ、爆発する。奇声を噴射しながら宙を飛ぶ。おとなは誰もついていくことができない。いや、かしこい母親三人は、はなっからついていくつもりがない。

「しんじさぁん！」

ももちゃんに呼び出される。いちばんのアネゴだ。

「はやく、ドロボーしな！　ぴっぴ、もっちゃん、よういして、つかまえるよっ！」

僕はへんな身振りで歩き、落ち葉や空き缶やいろんなものを適当に拾いあげると、やにわに、タタタタ、と走りだす。三人はゲラゲラ笑って追いすがる。三歳、四歳とはいえ三人で取りすがられるとマジで動けない。

「たすけてー、たすけてー」

「ダメー！」

鴨川の河原。芝生の上。三家族の屋内。アスファルトの路上。何度三人に組み伏せられたか知れない。

そのうち性格が分かれてきた。もっちゃんは冷静に、
「それは、ちゃうやろ」
と離れた場所で、笑ってみている。ももちゃんは相変わらずアネゴ、みんなが無事自分についてきているか、たえず振り返って注意している。ただ、暴走するひとひの勢いに乗せられ、無軌道に突っ走ることもしばしば。そして、唯一の男子、ひとひはまったく他人に合わせようとせず、ひたすら自分がおもしろいことだけを、「あほさ」を炸裂させ、やり通す。

落合家が福岡に引っ越すことになり、京都駅に見送りにいったとき、ひとひは、おかあさんと手をつないでゆらゆらしているももちゃんの肩を、ぽん、ぽん、と叩いて、またあしたね、といった。

じつは僕も、ひとひのことばくらいの距離感でつきあっている。お正月、夏休み、落合家は京都に戻ってくるし、そうなれば山本家と相談し、どこかで必ず、何度か集まりをもつ。どこかへ泊まりがけでいけば、三家族のおとうさんが、三人の子をお風呂にいれる。おかあさんたちは女子としていろいろ話すことがあるのだ。

ももちゃんともっちゃんは、ふたりのおかあさんより長いつきあいを、始めたばかり。そこにひとひも混ぜてもらい、僕は五十を前に、いまだ中学生的な「あほさ」のもと、毎

度ドロボーとして組み伏せられている。

「またあしたね」

三人の子がいいあう。福岡なんて、うちのすぐ「きんじょ」だ。

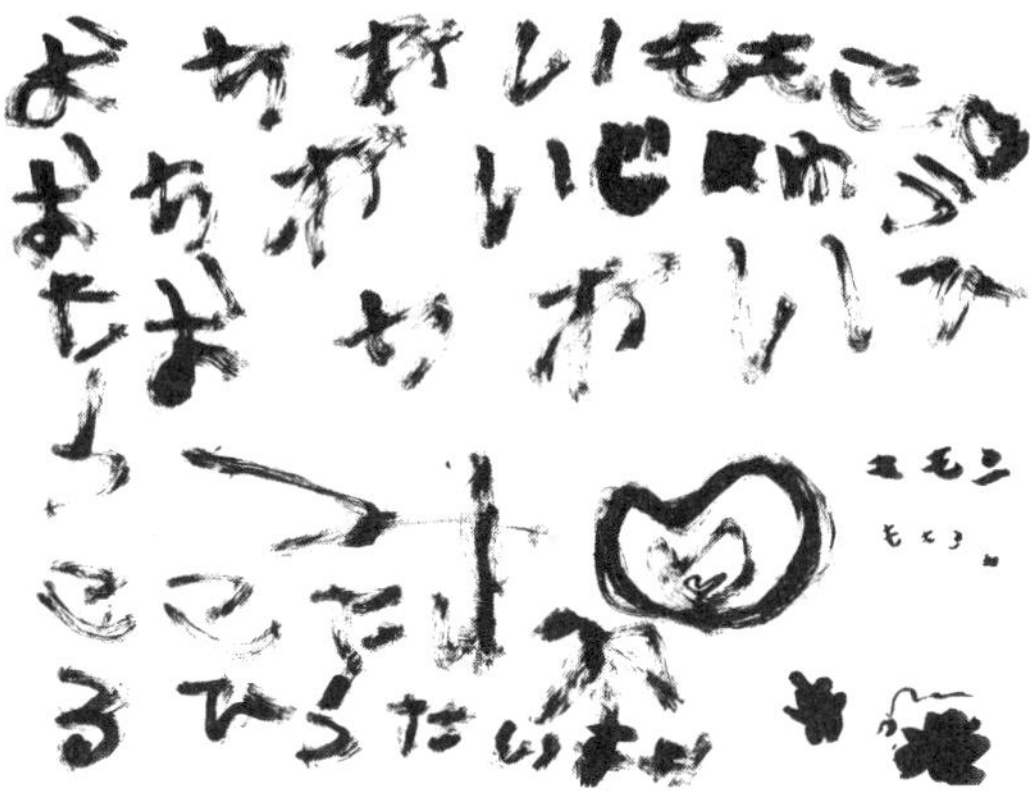

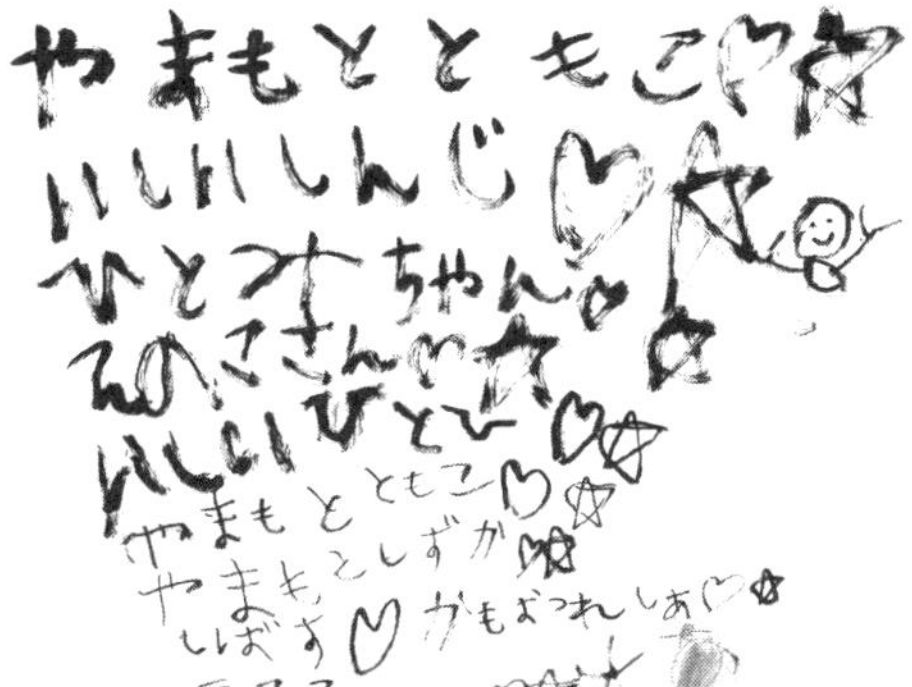

第７回　けいせい

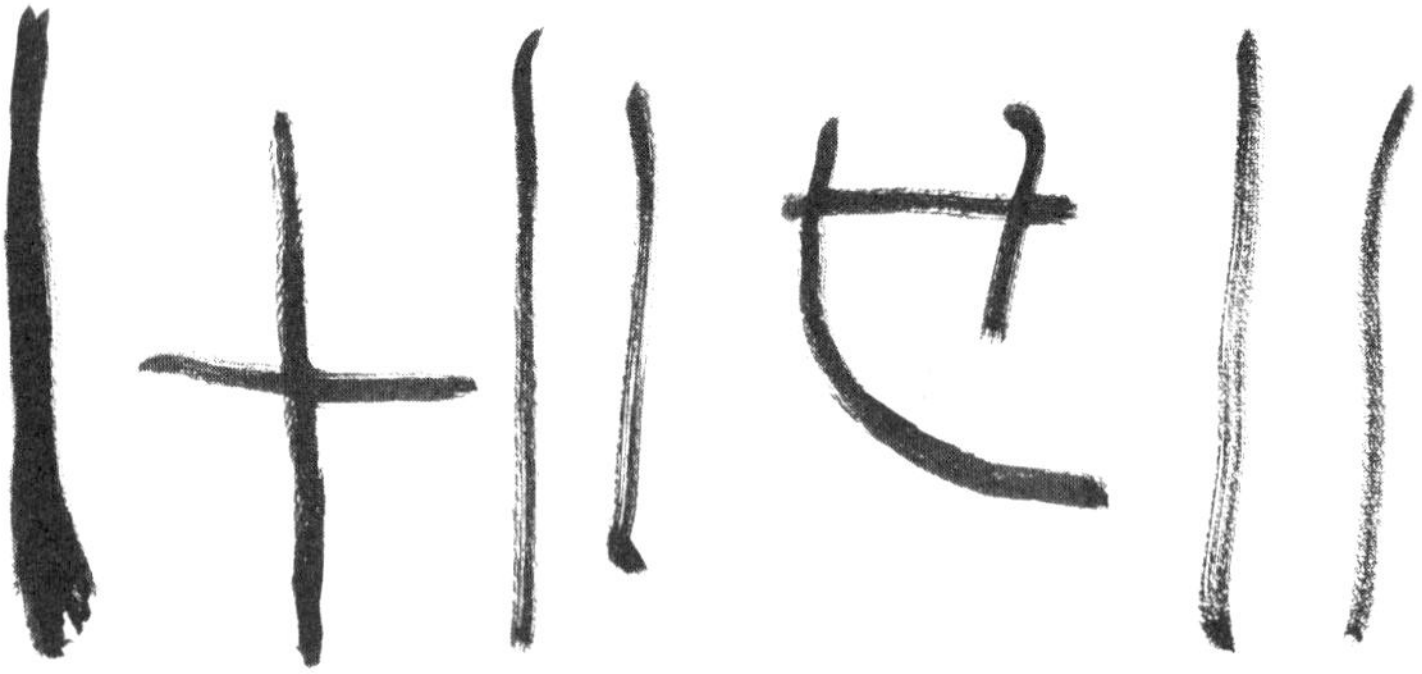

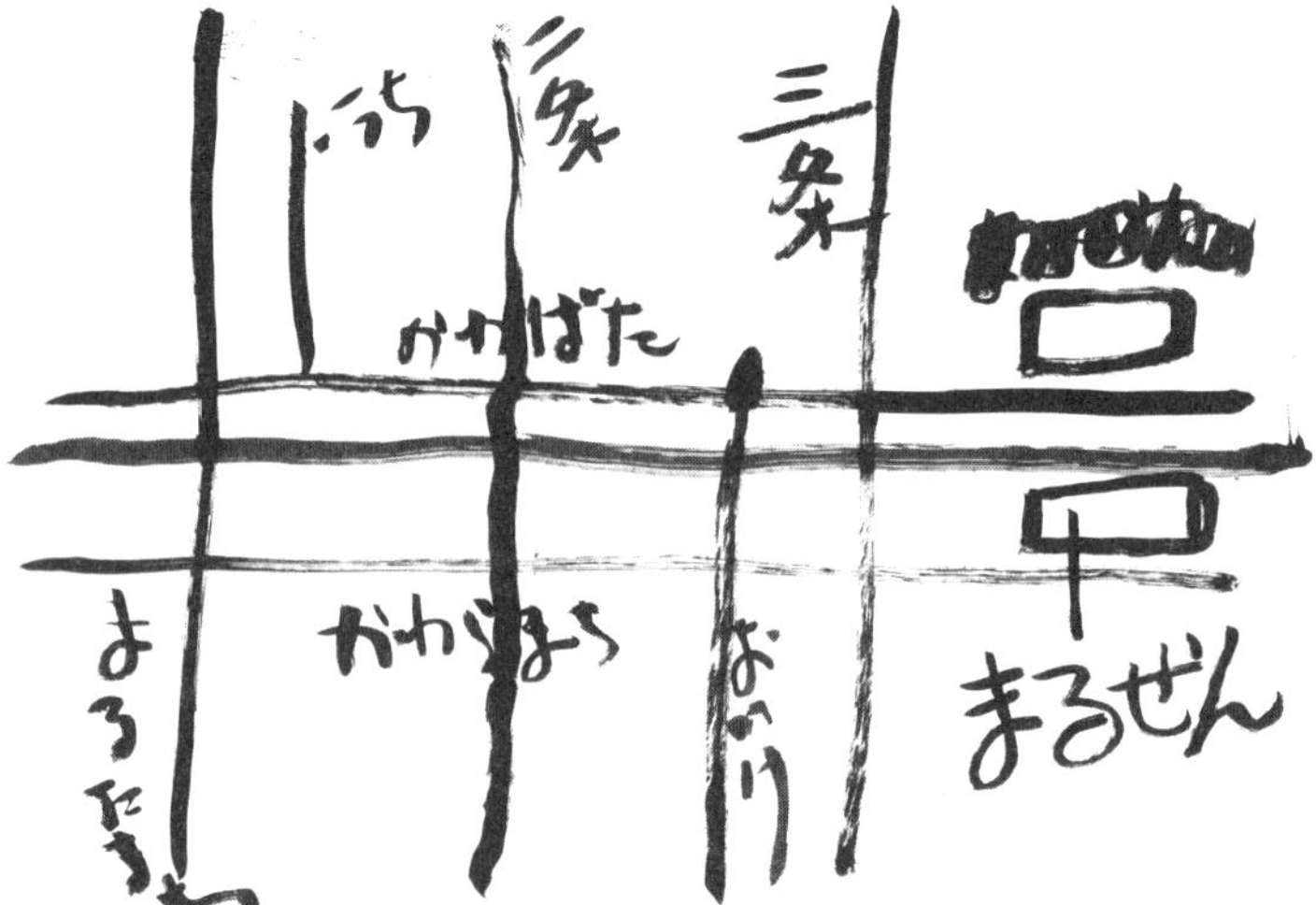

ＢＡＬ地下の丸善で、新刊発売記念のイベントをひらくことになった。ただ一日なにか催し、お客さんにきてもらい、それで解散、というだけではもったいないので、お店のみんなと相談し、昨年末から半年、いろいろと店頭で「しこむ」ことにした。

オープンしてすぐのとき、はじめて京都丸善を訪ねて感激した。ほんものの丸善が帰ってきた、とおもった。なにしろ、地下一階二階にひろがる売り場のうち、地下二階のほぼ半分が洋書売り場なのだ。丸善としてのプライド、気概がみなぎっている。

さらに文芸書コーナーの充実ぶりがものすごい。よそのどこにでもあるものは少なく、ここでしかみつからないかもしれない小説が国内外とわず、デーン、と誇らしげに置いてある。

オーソドックスなかたちの大型新刊書店としてはまちがいなくいま日本一だ。僕がそう決めた。

新刊コーナーの一部を、まるまる「いしいしんじコーナー」とし、現在入手できる僕の単行本、文庫本をすべてそろえてくれた。僕はそれにすべてオリジナルの「解説ＰＯＰ」を作って立ててもらった。なんだかお祭りの屋台のようだ。

連作掌編を毎週一篇ずつ書いて、「いしいしんじコーナー」で無料配布してもらう。シリーズのタイトルは「フルーツ」。

一篇目が「りんご」。

二篇目が「みかん」。

三篇目が「いちご」。

そして一月十六日、イベント当日、「その場小説」で「檸檬《れもん》」を書いた。京都の丸善といえば、当然このフルーツだろう。いざ漢字が書けないと困るので、前日、いちおう「檸檬」を練習した。からだの芯で昔読んだこの短編の熾火《おきび》がちりちりと赤く燃えだすのがわかった。

「丸くて善きもの」とはすなわち、フルーツ、果物のことにちがいない。

「その場」には、ひとひが、園子さんがいた。ひとひの友達のもっちゃん、シトロエン乗りの奥村さんもいた。

進々堂の続木さんがいた。一保堂の都さんがいた。淡交社の門前さんがいた。

ミシマ社の鳥居さん、誠光社の堀部さんがいた。画家の玲子ちゃん、音楽家のヨース毛くん、小説家の福永さんがいた。

みんなで同じひとつの「檸檬」をかみしめた。「檸檬」は薄くスライスすると本のページと同じになる、という話になった。ここにいるみんなと一緒だからこんな話になったんだ、と書き終えておもった。

ひとひともっちゃん、それに謎のこどもたちは、小説がつづくあいだ、歓声をあげながら、店じゅうをつかってかくれんぼをしていた。ひとりひとりが、本のあいだにそっと隠された、黄金色のフルーツになっていた。

第８回　２CV

左京区、吉田本町に住む奥村仁さんは、ぱっと見五十代なかば、うつくしく愛嬌たっぷりな奥さんをともない、いつもスタイリッシュないでたちで、「オオウ！」と手を振り、大股で歩いてくる。手を振っている相手は、うちの五歳児ひとひ。

奥村さんはひとひの友達である。僕は、たまに会う、「ともだちのおとうさん」だ。

出会いはスーパーの駐車場だった。北白川に何年か前できた、わりとあたらしい「ライフ」の屋上。

WEBサイト「ごはん日記」によれば、二〇一五年五月十一日、園子さん運転のレンタカーで、わら天神裏の小児科「坂田医院」にいった（日記を長くつづけているとこういうところが便利ですわ）。ひとひの気管支、中耳炎、ともに問題なし。つづけて、高野のペット屋さん、京大近くの耳鼻科「柴田クリニック」にまわる、というその流れの途中、北白川上終町《かみはてちょう》の「ライフ」に寄ったのだ。

屋上の駐車場に、いっぷう変わったクルマが停まっている。

四歳半のひとひは指さし、いきなり、

「どぅしぃぼ、あるで！」

そのとおり、南フランスの晴れた空を切り抜いたみたいな洒落たブルーの車体、シトロエン2CV。ひとひは前の年、てのひらに乗るくらい小さな2CVを手に入れて以来、独特なデザインのこのクルマが大好きだ。そういえばHiFi Cafeにも、木でできた赤い2CVのおもちゃがある。

丸みのあるドアをあけ、ひょろっと背の高い男性とその家族がおりてくる。こういうときのひとひは躊躇《ちゅうちょ》しない。猫でできたボールみたいに跳ねて駐車場を横切り、男性の前に立ってまっすぐ見あげると、

「シトロエン、すき！」

その瞬間、ひとひと奥村さんの友情がはじまった。両家族、ライフで買い物。ひとひは早々に駐車場にあがりじっと待っていた。用事をすませてあがってきた奥村さんは、

「乗れ乗れ！」

助手席にも、運転席にも乗せてもらう。うらやましい。三十年くらい前、何度か運転したことはある。

低い座面に収まり、小窓やウィンカー、くらべようのない、ユニークな造形に夢中になるひとひ。

「おっ、クラッチふんどる！」

と奥村さんがうなった。

翌週、ゼスト御池でひらかれた「京都レコード祭り」での「こどもＤＪ」に、奥村さん

夫妻はやってきて、おみやげに、ミッシェル・ポルナレフ風の巨大メガネをくれた。ひとひは前半の集中のあまり、後半、轟音《ごうおん》スピーカーの真横で眠ってしまった。

書店、ギャラリー、どこかしら、イベントのたびに声をかける。奥村さんはデリケートな施設のエンジニアをしている。現場から早く帰りつけば必ず駆けつけてくれる。そして打ち上げで、ひとひと乾杯するのだ。

「ぼくのうちな、トヨタ2000GTの、むかしのトミカあるで」(奥村さん)

「えーっ、ええなあ。うちいきたいなあ」(ひとひ)

「ええでえ、いつでもおいで」

「それで、トヨタ2000GT、ねらってんのん」

「あほか！　そんな宝もん、かんたんにわたせるかいな！」

「うーん。でも、うち、いくからね」

「そんじゃあ、ぴっぴ、ひとりでおとまりしてくるか？」(しんじ)

「え！　うーん、うーん……。おくむらさんが、2000GTもって、とまりにきたらええんちゃうか」

「なんやそら！」(奥村さんとしんじ)

クルマ好きは五十年程度の年の差などゆうゆうこえてしまう。そして京都でうまれそだつもの同士。縁と縁。交わしあい、つながりをもたらすことばとことば。

奥村さんがEメールを送ってきた。

「驚きです！」

と。

ひとひが生まれてからずっと親しくしている、チョーご近所、はす向かいの辻さんのご主人。うちが引っ越しを決めた日にボールを受け渡した男の子の祖父。うちが長く家をあけるとき、必ず、めだかを預けてお世話をお願いする、辻家のかっこいいご主人は、奥村さんと、ブログ上での友人だったことがわかった。昨年末、奥村さんが書いた「その場小説」の記事に、「ひとひちゃん、ご存じとは」と、コメントを寄せてきて判明した。

「マジですか〜」

と奥村さんは返している。

僕へのメールには、

「世間は狭いですねえ」

ちゃいますって。奥村さんや辻さんが、「広い」んですって。

第９回　ほん

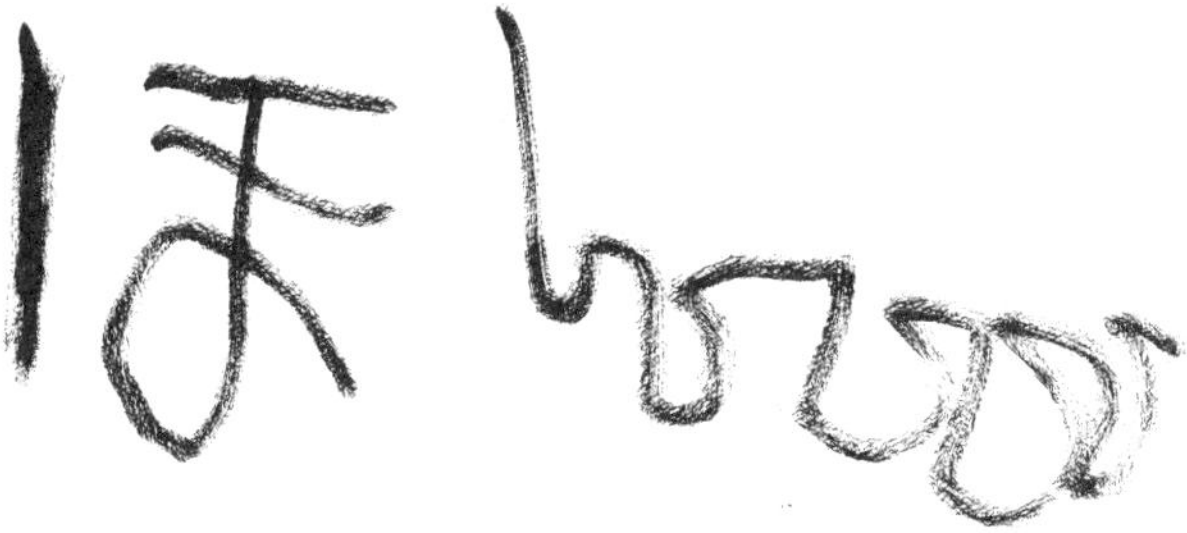

一月半ばの火曜、岡崎の府立図書館にいってみたら、前日の月曜が休日オープンとかで、お休みだった。しばらく立ちつくし、そしてふりかえると、真後ろに、まさにその月曜にオープンしたての、ロームシアター京都、蔦屋書店の店がまえ、そして、スターバックスコーヒーの、有名なロゴマークが目にはいった。

蔦屋さん。

さっと、東京、代官山店の風景が脳裏をかすめる。ここ数年、訪れるたび、淡水に投げ入れられたハマチのように、あっぷあっぷ、息があがるのを感じてきた。そんなものあるはずがないのに、お店のどこかに「関西弁のご使用はお控えください」と表示されてある気がし、勝手に、無口になってしまうのだった。

そう、あの代官山店は、クルマの本専門店「リンドバーグ」と合体しているので、雑誌や写真集、専門書の充実ぶりはハンパなく、さらにモニターで、レースの映像が流れたりしていて、ひとひにしてみれば、理想のなかの理想のお店。

そう、たしかに、年に一度か二度、代官山での、園子さんの用事がすむまで、店内で過ごすのが通例になってはいる。クラシックカーの自動車レース、ミッレ・ミリアのスタートで、クレイジーケンバンドの横山剣さんと初めて会えたのも、やはりその、蔦屋、代官山店だった。

が、しかし、ハマチあっぷあっぷ。アウェイ感は、どうしてもぬぐえないのだ。

そして、岡崎。平安神宮の前。

自転車のハンドルを握ったまま、

「蔦屋さんなあ」

と息をつく。

「ま、ここは京都やし」

はいってみて驚いた。

ハマチどころか、気づいたら、うなぎみたいにくねくね身を波打たせ、店内を回遊していた。

和食、和菓子、お茶。

料理店、和服、和の小物。

美術、音楽、書。

歴史、民俗学、人類学。

なんというのか、京都を訪れる旅行者の大半が「京都ってこんな風にええ感じ」（関西弁ではいわんか）と思い浮かべる、そのイメージが書籍のかたちをとり、ひとつひとつ、かっちり、整然と並んでいる。店内の空気も、夕方、開店したての京都の料理屋さんみたいに、

「はんなりと」張りつめている。

スターバックスコーヒーでコーヒーを買うのは生涯これで二度目だ。そもそもコーヒー飲む習慣、なかったし。

机にノートをひろげ、鉛筆を動かしているうち、短編が一話できた。コンピュータをひらいて清書し終え、コーヒーの最後の一滴を吸いこむと、ちょうどお昼。

だんだんと混んできた。席を立ち、自動ドアの出がけに何気なくお店の案内を見て、息をのみ、間近に立っていた蔦屋のかたに声をかけた。

「あの、スターバックスだけでなく、書店さんのほうも、朝の八時からやってはるんですか」

「ええ、開店しております」

とにこやかに、女性のその店員さんはこたえた。

その日以来、約ひと月。ほぼ毎朝ぼくは岡崎に出かけている。自転車を駐輪場にとめて蔦屋にはいり、コーヒー一杯すすりながら、正午過ぎまで書きつづける。

うちは冬寒く、夏暑い、古い町家だ。石油ストーブで部屋がぬくもるまでのあいだに、蔦屋にでかけてコラムが一本書けてしまう。

朝八時、という開店時間はすばらしいが、品揃えの振り切れ具合もすごいものだ。

それにしても、ホホホ座、丸善、誠光社、さらに蔦屋と、ここ半年ほどの、この近辺の書店の盛り上がりは、いったいどういうことだ。どこもそれぞれに、本、というものの新しいありかたを、探ってる、だけでなく、提示している。

そしてそのひそかな中心、レコード盤の穴みたいな支点として、寺町二条の三月書房が存在しているのでは、と、いま不意に、そんな気がした。

第10回　SKY MARK

連載の第六回で「きんじよ」だと宣言した福岡へいってきた。「またあしたね」と約束したももちゃんに会う、という、大きなミッションがある。

前日は東京にいた。西麻布、というしゃれたところにあるしゃれたビルの地下ステージで、ロックバンドを従え、「その場小説」を書いた。死んだ船乗りたちのバンドが、音楽を奏でながら海上をすべり、世界じゅうの港を旅していく話になった。

翌朝、羽田空港でひとと会ったあと、スカイマーク便に乗りこんだ。福岡までの搭乗時間は一時間と四十五分。京都の古本屋さんで買ったブルース・チャトウィンの本をめくりながら、ペットボトルの水をごくごくと飲んだ。

「おきゃくさま」

と声がかかった。

目をあげると、しゅっとした制服の客室乗務員がかすかに膝を曲げ、僕の席の前のポケットをてのひらで示している。

「はい?」

「こちらのペットボトル、おかたづけいたしましょうか?」

「あ、ありがとう」

ポケットから空のペットボトルを抜いて手渡す。と、女性乗務員は声をひそめ、

「あの、いしいしんじさんで、いらっしゃいますか」

といった。え、と顔をあげ、そうです、とこたえた。彼女はその場にかがみ込み、十代の頃からずっと読んでます、わたしの乗務する便に、いしいさんが乗っているなんて、驚きました、といった。もちろん僕も驚き、なんとか平静を装い、ありがとうございます、とこたえた。

福岡に、僕の子どもの友達がいるんです、と僕は話した。空港でもう、待ち構えているみたいなんです。今日は一日、その子と遊ぶのんが、僕の仕事です。

たいへん厚かましいお願いで、申し訳ないんですが、と彼女はいった。なにか、書いていただけないでしょうか、今日わたし、いしいさんの本を持っていないんですが。

なんにだって書きますよ、と僕はこたえた。

彼女はいったんギャレーに引っ込み、そして「リラックマ」のキャラクターの大きなポーチをもってくると、

「ほかのお客様もいらっしゃいますので、このなかの紙に書いてポケットに挟み込んでおいていただけますか」

といった。「リラックマ」はもう十二分にまわりの目を集めているというのに。そうして彼女は足音をしのばせ通路後方へ歩み去った。

時計をみると、着陸まであと十五分ほどある。僕はリラックマから小ぶりのスケッチブックを取りだすと、一枚目の紙に、万年筆で「飛行機」という掌編を書いた。僕の乗っているこのスカイマーク便が、パイロットがどう操作し、どこをいじっても、まったく離陸しない。動きだし、滑走路にむかう予兆すらない。ざわつきだした乗客は、ほかの便に振り返られることになった。整備士たちがあちこちしらべてもまったく異常はみつからなかった。スカイマーク便が飛び立とうとしなかったそのわけは……。という話。

「飛行機」を「リラックマ」に収め、ポケットにはさみこんで、福岡空港におりた。到着ロビーで、ももちゃんとその母親ひとみちゃんがあやとりをして待っていた。「待ち構えている」というほどにはみえなかったが、ひとみちゃんはももちゃんに「なに照れてんのん！」と笑いかけた。ももちゃんはうつむいてニヤニヤしていた。

二時に到着し、六時過ぎにおとうさんの重太さんと合流するまで、うなぎ屋で蒲焼きと茶碗蒸し、ドーナツ屋でドーナツ一個、鶏皮焼き専門店で鶏皮の串を十本食べた。そのあいだ、ももちゃんがもってきたスケッチブックをひらいて、ふたりで絵本を作った。絵はももちゃんが担当、おはなしは僕とももちゃんとで相談して進める。重太さんが待つ居酒屋で「ねるねるもりのびじよ」は完成した。

「きんじよ」福岡に引っ越した、重太さんとひとみちゃんの前で、僕とももちゃんは紙芝居のように、できあがったばかりの「びじよ」の話を、げらげら笑いながら読みあげていった。

第11回　おちゃ オチャ OCHA 茶

二十年近く前、東京に住んでいたころ、ひとに誘われて、表千家のお茶に入門した。週に一度、東京西部の住宅地へ行き、ベテランの先輩らにまじって、阿呆の子のように必死に茶筅《ちゃせん》をふる。

八十歳前のS先生は、お茶の精のような女性だった。先生が動くと、いい音がし、いい香りが空間をたなびいた。お茶を習いに、というより、僕は、先生に会うため、お茶にかよいつづけた。東京の東部から、神奈川の三崎に引っ越したら三崎から、信州の松本へ引っ越したら松本から、京都へうつったら京都から、新宿のそばの先生宅へと。

「え、京都から、東京へ、お茶ならいにいったはんの?」

と苦笑する京都のひとが少なからずいたけれど、しょうがない、S先生が住んでいるのは、京都でなく、東京なのだ。

園子さんのなかに、のちにひとひと名付けられる生命が宿った二〇一〇年の春、S先生は入院し、面会謝絶となった。僕と園子さんが見舞にいくと、意識不明の重体でベッドに横たわっている先生の手が、園子さんのふくれあがった腹部にのびた。プラスチックの酸素マスクが白々とくもる。耳を近づけると、先生は園子さんのおなかをさすりながら、

「し、あ、わ、せ、よ……」

とささやいていた。

「ゆ、め、の、よ、う……」

あとでご家族にきいたら、これが最後のことばになったそうだ。

そうして、先生が「むこうがわ」に遠ざかってしまってから四ヶ月のち、だしの匂いを分娩室じゅうにまきちらしながら、「むこう」から「こちら」へ、ひとひがやってきた。出産予定日だった前日、お祝いに、といって食べたはもしゃぶと焼きまったけの香りが、羊水に移ったのだ。

こういうのも「お茶」ではないか。

そんなような話をあつめたお茶の本『且座喫茶』が、去年の秋、淡交社から出た。「まあ、ちょっとすわって、お茶でも一杯」くらいの意味。

かねてから、いっしょになにかしましょうか、と話していた一保堂のみなさんと、これを機会に、イベントをひらくことになった。

一保堂で音楽会　春

「いしいしんじさんと蓄音機」

扇形に置かれた二十五席の卓に、みずから立てたお茶をその場でいただくための「自服」セットが置かれ、要に置かれた大テーブル上に、どーんと蓄音機の「コロちゃん」が正座している。

蓄音機の横の小さな卓で、五歳のひとひともうすぐ六歳の「はーちゃん」が向かい合わせに座り、しゃかしゃか茶筅を振っている。つきそいは渡辺都さん、一保堂のご主人・渡辺孝史氏の奥さんだ。はーちゃんは都さんの孫娘。ひとひは都さんを勝手に親友だと思っている。あるいは、少々年の離れたガールフレンド、と。

イベントがはじまり、パブロ・カザルスがチェロを奏で、マリア・カラスの声が京都の土地を揺らし、リトル・リチャードが、ジュディ・ガーランドが、ジーン・ケリーが、この世で唯一のうたをうたった。

遠く松戸からやってきてくれたご夫婦が、最前列にすわっていた。家内はエルヴィスがいちばん好きなんです、そう、八十前くらいのご主人がいった。「ラブ・ミー・テンダー」をかけると、エルヴィスがあらわれ、ギターをかかえ、前傾姿勢で、奥さんだけのためにうたいだすのがありありとみえた。

こういうのも「お茶」だ。

ひとひとはーちゃんの姿が、会場内にみあたらない。でも、イベントに参加している気配はそこらじゅうに波打っていた。あとできいたら、都さんとともに、一保堂に隣接した自宅の地下室で、かくれんぼや電車ごっこ、その他、ありとあらゆる遊びを三人で発明し、つぎつぎと実行にうつしていたとか。

これもたぶん、「お茶」。

イベントのあと、会場に、近所のすばらしいイタリアン「コロンボ」、すばらしい寿司店「末廣」から、ケータリングの料理がとどけられた。こどもたちは、たらこスパゲティをほうき星のようにたなびかせながらテーブルのまわりを駆け、おとなたちは赤ワインの雨をたがいに浴びせかけた。

これも、「お茶」といえばお茶。

イベントの三日後、都さんの手から、「いしいしんじ様方　いしいひとひくん」と書かれた北海道新幹線が、我が家の郵便受けに到着した。

「いそがしかったけど、おもしろかったでしょう」

と都さんは書いていた。

「このカード、よろこんでくれるかな。またね」

これはお茶。

ひとひは少し考え、翌日、ミシマ社までキックスケーターで走っていくと、

「おちゃや」

「オチャ」

そして、エーゴで、

「ＯＣＨＡ」

うまれてはじめて書く漢字で、

「茶」

と書いた。

そしてそのまま一保堂にとどけにいった。都さんは終日留守、とのことで、一階店舗の女性に、まるめて輪ゴムでとめた紙の束を預けた。

夕ごはんのとき、僕が、

「もう、みやこさん、うけとって、よろこんではるんちゃうか」

といったら、ひとひは視線をはずし、

「いやー、まだ、かえってへんとおもうで」

と、すました顔でいった、
これはお茶。

第12回　ふくろう おこじょ らいおん

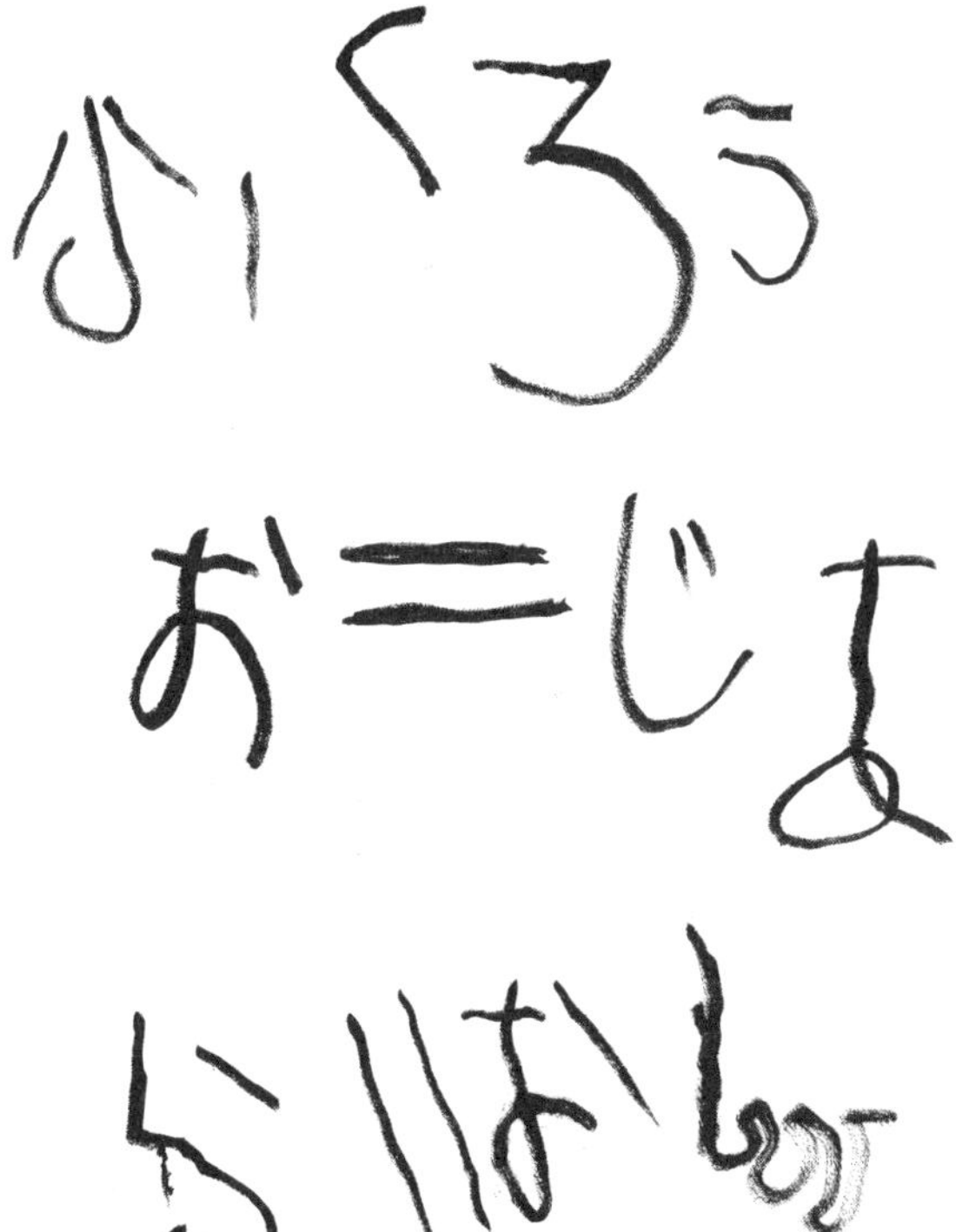

この連載「きんじょ」のビジュアル担当・ひとひは毎週金曜日、ミシマ社にでかけていき、あたらしい「字」を筆ペンで書いては、オリジナルで作ってもらった「きんじょ」シールを、やはりオリジナルで作ってもらったカラーの台紙に貼る。

それが十二回、都合まる三ヶ月つづき、台紙にあいていた十二個の○が、すべてシールで埋まった。ひとひはミシマ社から、うまれてはじめて（あたりまえか）「きゅうりょう」をもらえることになった。

ミシマ社のこたつで、

「どんなきゅうりょうがいい？」

みんなでたずねた。台紙のデザインは「山」をあしらってあったので、ふだんの乗り物趣味を発揮して、「ラリーカー」とか「とざんでんしゃ」とか、こたえが返るかとおもっていたら、意外なことに、

「どーぶつ、ね」

ひとひはニヤニヤ笑い、きっぱりいいきった。

「おやまの、どーぶつで、おねがいします。ぴっぴ（ひとひの自称）、さいきん、どーぶつ、めっちゃすきなってきてん」

あ、そう。

ということで二日後、うららかな春の金曜日、ひとひはいそいそ、ミシマ社へ「きゅうりょう」を受け取りにいった。「せいかつだん」で覚えた風呂敷包みに、「おこじょ」と「ライオン」二頭をつれて。ひとひを待ち受けていたのは、ふわふわの羽毛の、ちいさなどものシロフクロウだった。

「うわあ」

といって抱きすくめ、ほおずりする。シロフクロウの顔がこころなしか、ほっ、と和らいでみえる。

「さいきん、すきなってきた」どころではない。いま、座敷で振り返ると、パンダ、シロイルカ、アシカ、イルカ三頭、ロバ、スナメリ、柴犬、サラブレッド、キリン、カバ、スヌーピー、ペルシャねこ、こまねこと、カゴふたつ分、「どーぶつ」の山である。

園子さんと結婚したとき、引っ越し荷物のなかに、衣類や、本やCDのケースにまじって、「大家族」とマジックで書かれた巨大な段ボール箱があった。なんだろう、とひそかに覗いてみると、カエルのカーミット、外国のゾウ、黒イヌなど、目を見開いたまま笑顔ですし詰めになっていて、僕は息をのみ、あわてて箱のふたをしめた、ということがあった。

といって僕自身、浅草に住んでいた頃、東京都動物園協会の会員だった。三日に一度は上野動物園にでかけていき、サイやスローロリスの体調をたしかめ、動物園図書館で外国の最新資料をめくったりしていた。小説を書きはじめるより、よほど前のこと。『ぶらんこ乗り』に書いた、ゾウが鳩を殴り殺して「鳩玉」にして遊ぶローリングや、目の悪いカエルがメスだと勘違いして魚に抱きつき、溺死させてしまうエピソード、コアラが「ユーカリ」の葉でラリっていることなど、この時期の動物園通いのなかで、すべて学んだ。月の大半、動物園に住んでいるようなものだった。べらべらと喋る人間を前にするより、通じ合わない動物と相対しているときのほうが、自分の考えもふくめ、いろんなことが、よほどクリアにみえてくるようにおもったし、京都に住むいまも、そんな風に感じるときがある。

動物園に関するコラムを、これまでいくつか書いた。

ロンドン、北京、モスクワ、ベルリン、ニューヨーク、パリ、東京。世界の名だたる大都市は、どこも必ず、ぜったいに、市の中心に古い動物園をそなえている。鉄道網、オフィス街に商店街、これらが市の表側、人間でいう「意識」だとするならば、遠い場所に住む動物たちを縁のない土地へ連れてき、狭い囲いのなかに押し込めて一生を過ごさせる、動物園なる場所は、大都市の「無意識」として機能しているのではないか。

沈黙。生と死。ほんとうのセックス。食うか食われるか。動物園はじつは、人間の無意識に、さまざまな真実を注ぎ入れる。大都市に住まううしろめたさ。人間なのに、いのちからどんどん離れていってしまう暮らし。

動物園のなかは、世界じゅうどこでも、周囲の環境から、隔絶《かくぜつ》されている（ように感じる）。都市の住人は、動物園のなかで、「ほんとう」の夢を見るのだ。そこで、死を、セックスを、殺戮《さつりく》の歴史を、目の当たりにできる。大都市にいるはずのない動物が、そこにいる、その事実が即ち、僕たちがいま、ここにいる不条理を、青空の下、ごろんと転がしてみせつける。

と、ここまで書いて、京都市動物園。

入り口をくぐろうが、出口をでようが、園の内側と外側の空気感が、こんなにも変わらない動物園は、頭の地球儀を何十周まわそうが、ほかに、どこも考えつかない。岡崎道から動物園の外壁をみて、あ、いま自分が踏んでいるこの地面に、ゾウが、ゴリラが、レッサーパンダが歩いているんだな、と体感できる。町の無意識と意識が、春の陽を浴び、くるくる入れ替わる音がきこえる。京都に住むひとは、京都に住んでいることについて、うしろめたさのかけらさえ感じない。動物園にいくと、そのことがいっそう、くっきりと、頭に風が吹き通るように冴え冴えとわかる。

五歳のひとひが「どーぶつ」を堂々と好きなのは、京都うまれだからか。事実、古い町家などに住む僕たちは、ガ、ムカデ、イタチ、ネズミはもちろん、トンビ、シカ、スッポン、大ウナギなど、「どーぶつ」たちの土地のほんの軒先を、申し訳程度に借りて生きている。

それに、知り合いの面々の、濃い顔、ひとりずつちがうイントネーション、手足のへんな動作など、いちいち振り返って、なるほどなあ、と頷くほかない。京都で生まれ育ったひとはみんな、ひとりひとりが一種ずつの、「どーぶつ」の生を生きている。京都という町自体、その深みで、「どーぶつ」園そのものなのである。

かもがわ
うち
ミシマ社
どうぶつえん

第13回　うちゅう うちゅうじん

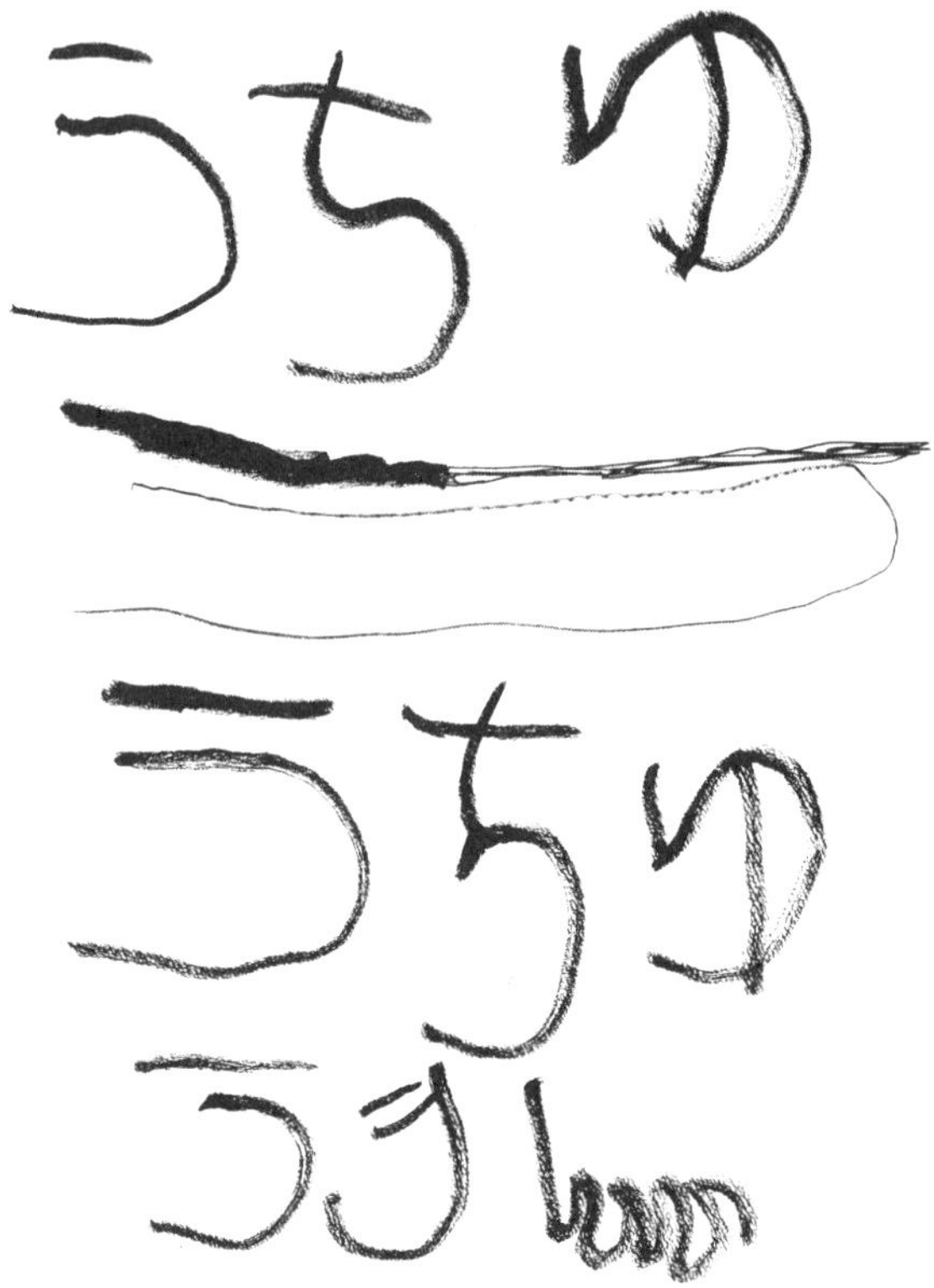

「月刊京都」の特集記事で、書店めぐりをすることになった。編集者、ライターのかたを連れて、市内の書店をいくつか、まわってほしいという。

心当たりの店を十ほどあげ、メールで送った。編集のSさんから返事があった。いしいさんには次の二店を、おすすめ書店としてまわってほしい。

「ホホホ座」様。

「100000t　アローントコ」様。

わちゃー。知ってるのかな、いや、きっとまったくご存じないんだろうな。

約束した前の日、Sさんと電話で話す機会があった。

「100000tの加地くんって、ホホホ座ですからねえ」

といってみると、Sさんはやはり、なんのことだかわかっていないようだった。まあ、いいか。

午前十一時、ホホホ座で集合。店主の山下くんは四条通の渋滞にはまって定時には来られず。いまどき車で四条とおってくるて、君は阿呆の子か？　などといっていたらSさんとライターの女性がやってきた。

そんなに間を置かず、山下くんも来た。いつものように、無駄な男前。Sさんらふたりを相手に、ガケ書房からホホホ座になった経緯を、つながってそうでつながっていない、でも、ある角度にまわりこめばピースが全部はまる、そんなことばで話している。ホホホ座は京都の、ちょっと本が多めの「土産もの屋さん」です、と。

何週間も会わないときがある、とおもったら、うちに山下くんは住んでいるんじゃないか、といった感覚もある。ひとひが園子さんのおなかにおさまった頃、まだ誰にもいっていないのに、山下くんは、おなかのふくれた園子さんの夢を見た。いや、そのころ園子さんが山下くんの夢をみたのだったか。それはどちらにしても同じ気がする。たがいの夢のなかに踏み込んでぐるっと一周した結果いまの場所にいる。うちの一家と山下くんの立ち位置はだいたいそんな感じだ。

四月一日の夜に、ゲスト店長をつとめることになっている。「その場小説」のDVDは公式には（たぶん）ここでしか買えない。もうひとつ、ここでしか売っていない僕の単行本『ノート』は、僕と山下くんが手書きと手張りで編みつづける共有の夢だ。

二軒目の100000tアローントコ。十二時過ぎにいったらあいていていてほっとした。編集のSさんとライターの女性は、一瞬、とまどっているようだった。いかにも「京都らしく」、「個性」が強く、記事になりやすそうなホホホ座にくらべ、100000tは一見して、ただ、古本もおいてある、中古レコード屋じゃないか。

「あの、いしいさん」

とSさんが助け船を呼ぶ視線で、

「このお店の魅力は、ひとことでいって、どこにありますか」

僕は即答した。

「加地くんです」

ふたりの女性は、加地くんに、書店めぐりの記事のために、きくべきことを次々にたずねた。加地くんはいつものように、

「えー、そうっすね」

「いや、フツー、ですよ」

「あー、いや、そんなこともなくて、すんませんね」

と、にこやかに、この世に一本だけ残った柳のように、質問を受けながす。

僕は淡々と海外文学の棚をながめている。何度ここへ来ても見なれることがない。いつもどこか、大事なポイントがあたらしく生まれている。ごく自然に。ヒョイヒョイと放りなげた書物が、みずからこの棚に収まったかのように。

加地くんのこの棚が、ひょっとして、じつは京都最良の書棚なんじゃないか。

三人の話は、はじめとはまったくちがったところに移っていた。

「あ、そうですね。最近のイベントだと、ふる、ほん、イエーッ！！！　ていうのやります。さいとうさんちで」

と加地くん。

「え、なんですか」

とSさん。

「いや、昨日きまったんですけど。ふつうの家のなかで、本を売るっていう。アルファベットで、ふるほん、Y、e、a、h、びっくりマークみっつ。それがさいとうさんちです」

「さいとうさんて、どなたですか」

「え、だから、さいとうさんですよ」

「ふだんから、そういうことを、やってらっしゃるひとなんですか」

「いや……ふだんからは、しないんじゃないですか」

「さいとうさんの、漢字は、かんたんなほうですか、それとも、難しいほう？」

「え、三つくらいあるじゃないですか、さいとう、って。四つかな。それの、三番目くらいじゃないですか」

ふたりの女性はいつのまにか完全に加地くんの柳の枝に絡みつかれ、楽しげにくるくるまわっているのだった。

ひとひは1000000tのレジで遊んで数字の単位をおぼえた。接客も、だんだんと無難にこなせるようになってきた。

あるとき『頭文字D』全四十八巻が入荷し、ひとひが「うわあ」という目で第一巻をぱらぱらめくっていたら、

「ひとひくん、バイト代に、それぜんぶ、五〇〇円でうってあげるわ」

と加地くんはいった。

書棚の一番上に、『頭文字D』の束は積まれてある。ひとひはうちで、一巻ずつ読みこみ、読みこみ、読みこみ、さあ、となると、自転車を飛ばし、次の一巻を引き取りにいく。いま第九巻まで進んでいる。最終刊にたどりつくころになっても、ひとひと加地くんはきっと、いまと変わらず、友達のままでいるだろう。

第14回　わっぱっぴらっぷぱっぱっぱ

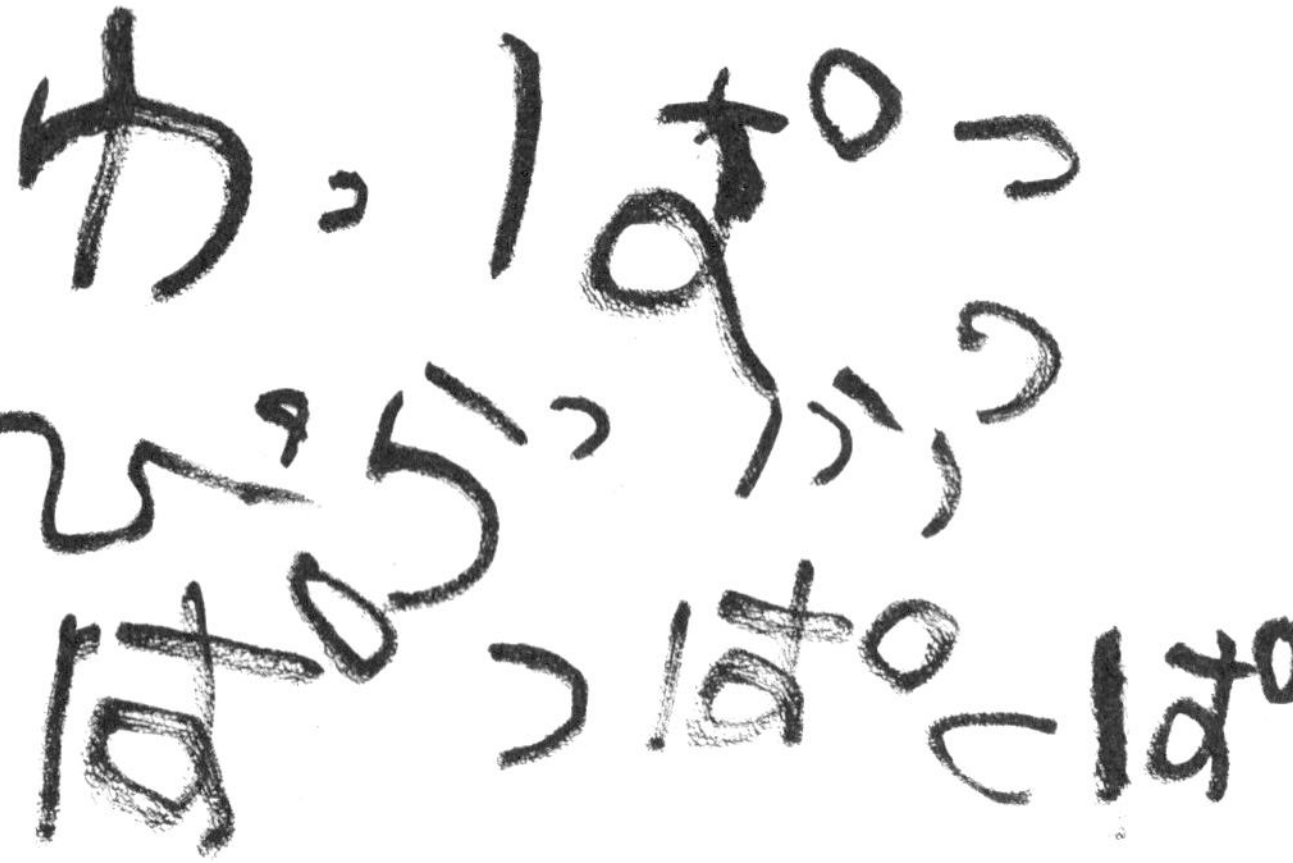

うちのコロちゃんはポータブル式、手でもって運べるトランク型の蓄音機だ。コロムビア製だからコロちゃん。出会いは七年前にさかのぼる。東京の神保町から、東海道をくだって、京都のこのうちにやってきた。

何の気なしに、最初にかけてみたのはエルヴィス・プレスリーの「マイ・ベイビー・レフト・ミー」。瞬間、激震がおそった。天井が湾曲し、ふすまや障子が、アメリカの漫画のように飛び跳ねた。ふだん冷静な園子さんが、これまた漫画のように、片手にフライパンをもったまま、

「なに、なに！」

と台所から飛びだしてきた。

僕はことばもなく、腰を抜かしたまま、毎分七十八回転でまわりつづけるターンテーブルを指さした。そこにエルヴィスがいた。腰骨を激しく揺すぶりながら、この星のすべてを手に入れてやる、そんな勢いで、前のめりで唾《つば》を飛ばしながら、ロックンロールをうたう、半透明の姿が、ホログラフィのように浮かびあがっていた。

蓄音機についてはいろんなところで書いている。ノスタルジックな、大人趣味の、昔のオーディオ。僕だってそう思いこんでいた。とんでもない、蓄音機は、生の空気の再生機だった。その音楽が録音されているその場の空気の振動を、いま、僕やあなたが生きてい

る時代の空気に、直結して伝える、音のタイムトンネル。まさしく、タイムマシンだったのだ。

ひとが来るたびに聴かせ、こっちからギャラリーや書店、バーなんかに持っていって聴かせするうち、KBS京都から声がかかり、コロちゃんとともにレギュラー番組をもつことになった。

スタジオにふたりでこもり、コロちゃんの奏でる音も、僕の声も、同じマイクでひろって放送する。カザルスのチェロ、バディ・ホリーのギターに、たまに僕のくしゃみやゲストの笑い声が重なってひびく。そういうのも含めて、生の音楽とおもっている。

ミシマ社の忘年会に呼ばれ、酔った頭で思いついて、いったんうちに戻り、コロちゃんを連れてきた。木製のコロちゃんの音が、木造家屋に共鳴し、宴席のみんな、「セロ弾きのゴーシュ」の、セロのなかのねずみみたいに、うっとりまったり、酔ったからだを曲に合わせて揺らせ、そのうち、音楽のにこごりに包まれた「じゅんさい」になっていた。

寺町の一保堂茶舗で、季節のお菓子、お茶をいただきながら、コロちゃんの音に耳を傾けるイベントが、今年の春からはじまった。二月の第一回目には、はるばる千葉から、エルヴィスのほんものの声を聴くために、年配のご夫婦が参加した。

このイベントで、ぼくは、お茶も音楽も、さらにひとの声、笑顔さえも、その場の空気を味わうものにほかならない、と知らされた。その場、そのときだからこそたちのぼる歌声、味、香りというものはある。それらはすべて空気によって運ばれる。

そしてその空気を吸い、空気を吐いて、僕たちはささやかな生を生きている。

さらに、話題の書店誠光社では、三月から七月まで、毎月一度、「いしいしんじとコロちゃんの、だいたい七八回転のアルバム」なるイベントを開いている。毎回おおまかなテーマを決め、曲と曲のあいだに、蓄音機やレコードにまつわる小さなお話をはさみ、二時間たっぷりレコードをかける。

その曲を録音したスタジオから、楽器や録音機器を盗んでトンズラしたため、ブルース史から抹殺された歌い手。

ラジオからその曲が流れているあいだ、地中海沿岸の銃声がぴたりとやんだ、ドイツの若い娘。

バッハ、モーツァルト、ショパン。みずからのほぼすべてのレパートリーを十日借り切ったスタジオで録音し、その四ヶ月後夭折《ようせつ》するルーマニア生まれの天才ピアニスト。

五回つづけた内容を、単行本一冊にまとめ出版する計画を、誠光社の堀部さんとたてている。コロちゃんの奏でる音楽みたいに、その場の空気がページからたちのぼる本になれば、と願っている。

京都の空気だから鳴る音楽がある。京都の空気を通して、はじめて焦点を結ぶ、風景はある。市バスが波打たせ、観光客をはこび、サクラの香をほんのりとどけてくれる。京都の空気の底で、僕たちは今日も、それぞれの回転数で、まわりつづけている。

第15回　ロックンロール小学こうイーネ！

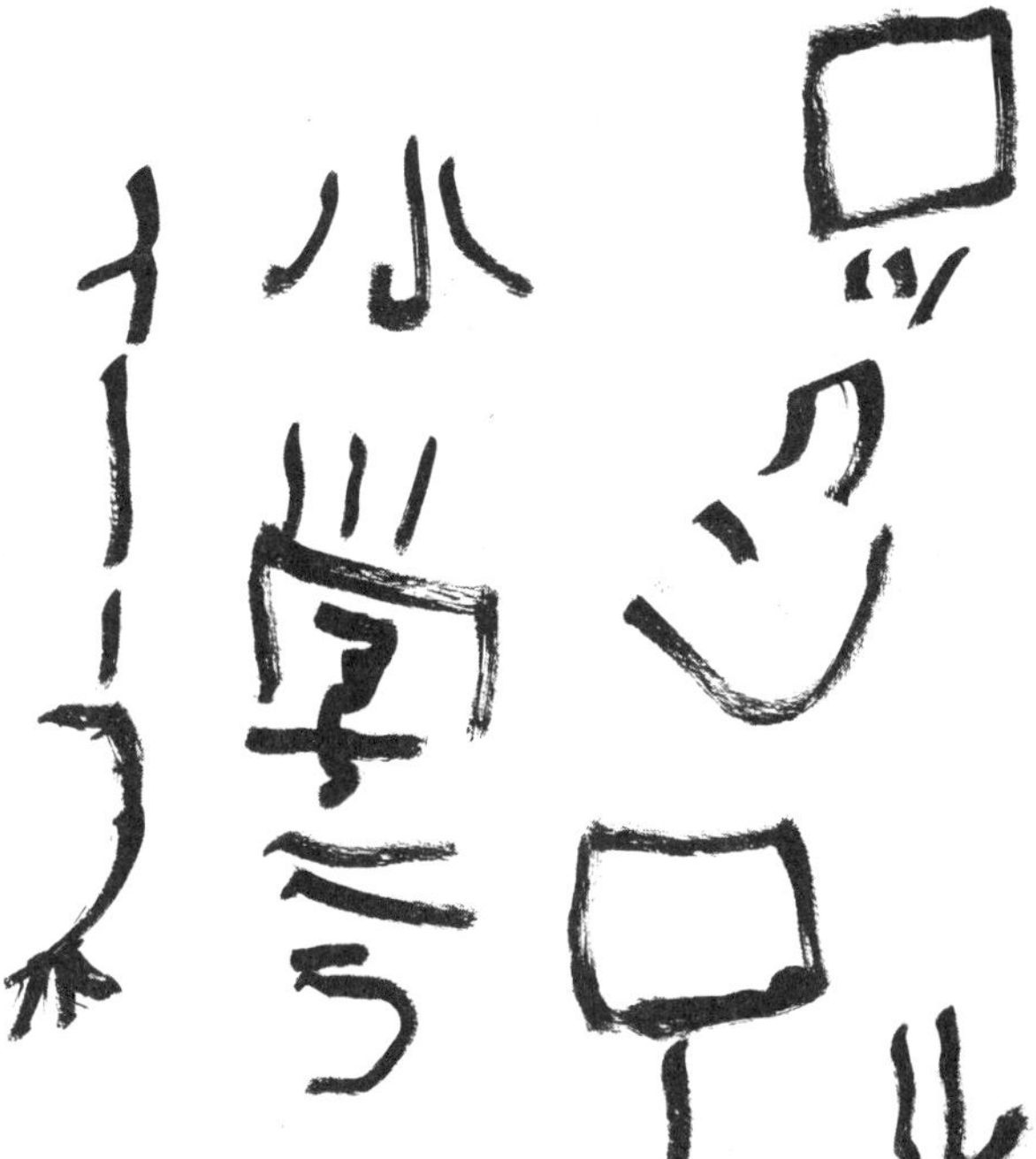

京都で、学校どこではった、という話になったとすると、たいていそれは、小学校のことを指す。どこの学区に属していたかが、成人して、ええおっさんになってからも、京都人としてのアイデンティティの基板をなしている。

この春、五歳のひとひが入学したのは、木屋町通の桜に彩られた、一日かぎりの小学校だ。しかも付属。

「バンヒロシ大学付属横山ロックンロール小学校」

校長は、クレイジーケンバンドの横山剣さん。講師陣は、京都ロケンローラー・バンヒロシさん。ロック漫筆家・安田謙一さん。高瀬川に面した、もと立誠小学校の講堂に、二百人以上の「生徒」たちが集まった。表情は一見おとなしくても、みな、動脈にロック、静脈にロールの血がガンガン流れている。

始業ベルが鳴り、

「イーネッ！」

横山校長による開校宣言のあと、生徒代表が壇上に呼ばれた。

「いしー、ひとひ、くん」

「ハイ！」

Ａ３の画用紙を小脇にかかえ、ひとひはすたすた前へ出ていった。マイクに口を近づけ

て、

「にゅーがく、せんげん！」

といってから、読みはじめた。

よこやま、せんせい
いろいろ、おしえてくださいね
キーポン、ロッキン！
せいと、だいひょう
いしい、ひとひ

拍手のなか、ひとひは画用紙の手前をくるりとむこうにまわし、剣さんに渡した。「入学宣言」の裏には、十二色のクレヨンと金銀のメタリックペンで、いすゞのベレット1600GTの絵が描かれている。

授業の一時間目は「れきし」だった。アメリカでロックンロールがうまれ、それが日本にいつ飛び火し、どのようなロックンローラーを生みだしたか。剣さん、バンさん、安田さんの口から、続々と裏ネタが飛び出す。永ちゃんの若さ、ジョニーの熱情。ただ、音楽

や映像より、トリヴィア重視の鼎談だったため、五歳の生徒代表はだんだんと退屈をおぼえはじめ、教室じゅうに響きわたる声で、

「ア〜ア!」

とあくびを漏らしたり。不良やん。

二時間目は「おんがく」。ひとひの目がかがやく(休憩に食べたフルーツヨーグルトのおかげもある)。校長の剣さんが、生徒のなかからくじ引きで三人を指名し、リレー式に「タイガー&ドラゴン」を歌わせたあと、歌唱指導。

「なにも、指導するところはありません! カンペキ!」

と剣さん。最後にお手本として、生ギター二本をバックに、「タイガー&ドラゴン」をうたい、最後には講師陣三人で、上條恒彦《かみじようつねひこ》「出発《たびだち》の歌」を、おおげさに、ロックロール魂で歌いあげた。大拍手。

授業は二時間目で終了。生徒たち全員に卒業証書が渡される。この時点で時刻は八時。ひとひはふだんなら、もうふとんにはいっていなければならない時間。時計をみあげ、吐息をつく表情をみても、自分でそれがわかっている様子。

だから、僕が耳に口を寄せ、こうささやいた瞬間、脳内で打ち上げ花火が炸裂したみたいに喜び、飛びはねたのだ。

「うちあげ、いこか。けんさんが、ひとひも、きてええって」

ロックンロール小学校の真の「勉強」は放課後にはじまる。中華ボールルームのような大宴会場。小ステージにはもちろんカラオケセット。

ポテトフライを口に運びながら、ひとひは持参したすべてのミニカーを、どっかと席についた剣さんのもとへ運んだ。一台ずつ、順番を決めて。

「お、アリタリアカラーの、ランチア・ストラトス！　モンテカルロ！」

「あ、このマツダRX７は、神戸のサーキット、走ってたんだよね」

「ニッサンのスカイライン！　R32、R33、これ、R34だね、すごいじゃん！」

と、すべてのクルマについて、ひとひのいってほしいことば一〇〇〇〇パーセントで的確にこたえてくれる剣さん。

カラオケがはじまる。ひとひはいつの間にかカラオケマシンの前に陣取り、「なにうたうのん」「これいこか」と、おとなたちの選曲にだめ出しをしている。「さらば恋人」「また逢う日まで」など、知っている歌、映像にクルマが出てくる歌はきいているが、知らない歌だと、うつむき、機械をいじっているうち、つい途中で消してしまう。

「よかった～！」

と笑って許してくれるおとなのみなさま。

「カラオケって、さいごまで歌いたくないやんかあ」

剣さんとひとひが、カラオケマシンの前にしゃがみこんで、なにかごそごそやっている。かとおもうと、ふたりならんでステージに立ち、剣さんが、

「じゃ、ふたりで、うたいます。シャネルズのナンバーより、ラン、ナウェイ！」

みなで手拍子。ひとひはマイクをにぎり、流れる歌詞をとつとつと追いかける。剣さんが手をひいて連れてっていってくれる。ロックンロールの未来へ。園子さんがビデオをまわしながら泣いている。

横山ロックンロール小学校は真夜中までつづく。生徒代表のひとひは十一時に眠気が限界に達し「はやびけ」することになった。剣さんのもとに歩み寄り、

「もう、ぴっぴ、ねむくてだめやから、さいごに、じーてぃー、うたってください」

「イーヨ！」

うたいだす剣さん。またしても全員が立ちあがり、阿波踊りのように揺れながら「GT！GT！ GT！」と連呼。ひとひも眠気を忘れ、手を叩いて跳ねあがる。桜とクルマと音楽にまみれた夜の学校。

いつか、剣さんやバンさんらと同じ年頃になったとき、誰かに「なあ、いしいはん、小学校、どこの学区やったっけ？」ときかれたとき、ひとひは照れくさがってなにもこたえ

ないか。

それとも正直に、

「あのなあ……ロックンロール学区や」

とこたえるだろうか。

「しかも、付属やねん」

第16回　しか

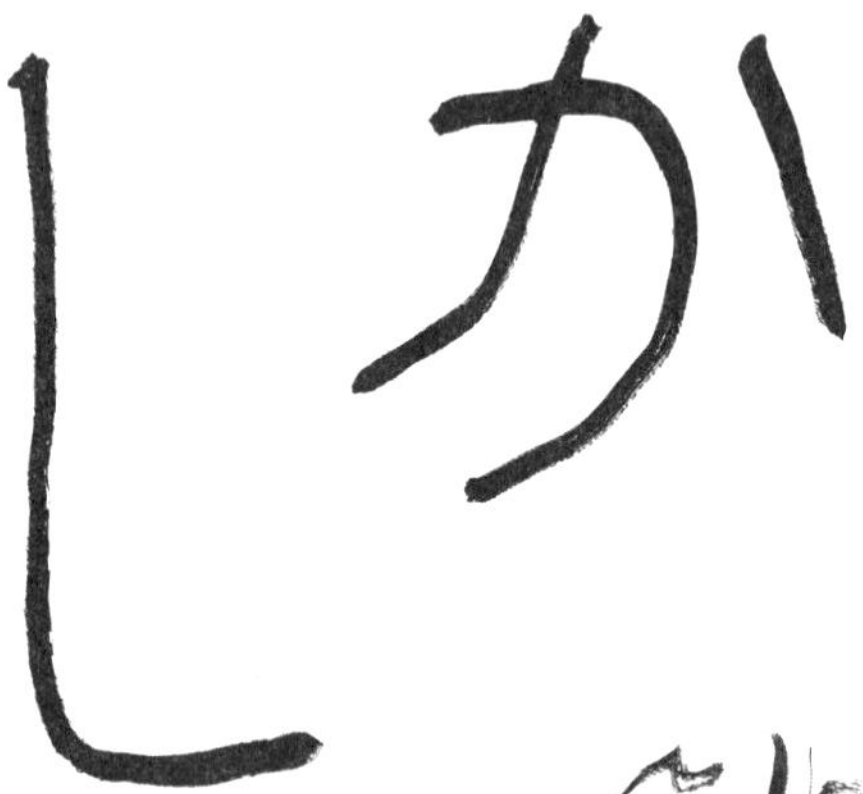

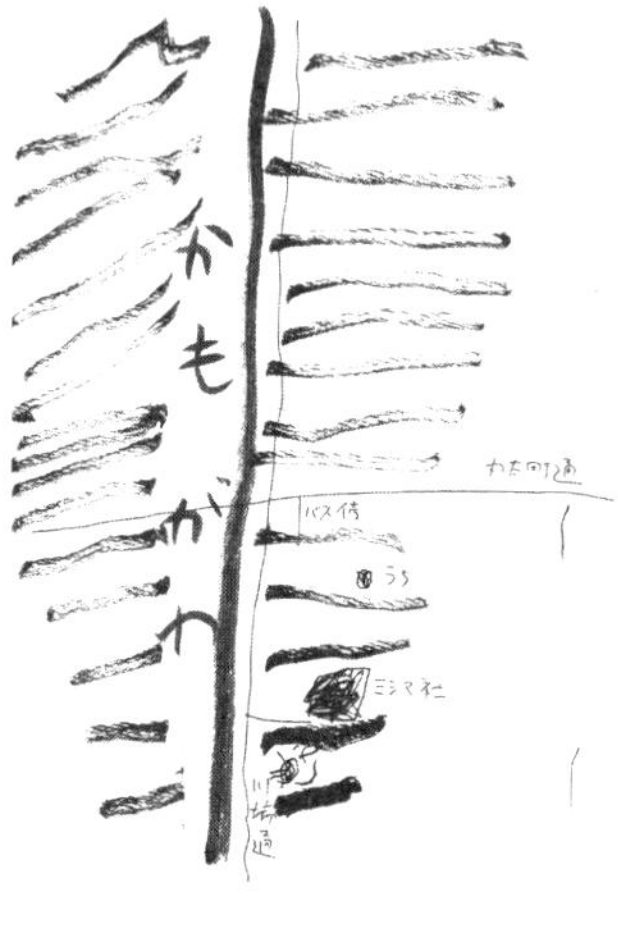

川端通を折れて二条大橋を西側へ渡ろうとペダルを踏みしめたら、橋の下手、南側の河原に、おかしな気配を放つひと立ちがしていて、自転車を止め、欄干にのりかかって見おろしたら、草むらに鹿がいた。

鹿は二頭いて、立ったり座ったりしながら川辺にはえた草を食んでいる。河原には、青いTシャツの外人、ママチャリのおばはん、犬散歩のおじいさん、徹夜明けな感じのくたびれたパーカーの大学生など、雑多なひとたちがいたが、皆いちように、長々と片手を伸ばし、浮気現場に立ち会ったかのような厳粛さで、ぱし、ぱし、と携帯電話写真を撮っている。

鹿たちの表情は、困惑してみえた。どういった流れの末、自分たちがこんなような状況まで運ばれてしまったのか、どんなに頭をめぐらしても思いだすことができない。目の前で、ぱし、ぱし、と音をたて、きらきら光っているものたちは、いったいなんだ？　カフカ的状況に置かれた鹿たちは、ほかにすることがなにも思いつかないので、しょうことなく、目の前で揺れている青草を口にふくみ、必要以上の時間をかけて、もぐ、もぐ、もぐと嚙みしめている、そんな風にみえる。携帯カメラの数は続々とふえていく。

鴨川には種々様々な動物がすんでいる。

鴨たち。アオサギ、シラサギ。カワウ。

ハヤ。サワガニ。ドジョウ。コイ。

草を蹴立てればバッタが飛ぶ。

ベンチで弁当をひろげればトンビが真上までせまってくる。

有名なのはヌートリアだ。中州に巣をつくった、巨大ネズミの家族は、鴨川がいくたび氾濫しようと、必ずまた同じあたりにもどってくる。

二条の飛び石の影にひそむ大ナマズ。

同じあたりに居座った巨大スッポン。

あらためて数え上げてみても、こんなに近く、しかも長く、人間の住みつづけている町のどまんなかで、これほど多様な生態系がはぐくまれているのは、軽い奇跡のようにおもえる。

なにしろ京都は、馬がふつうに車道を歩いてくる町だ。

毎年の五月十五日、御所を出発した馬たちの列は、丸太町通を東進し、河原町通で北へ折れ、そのまま下鴨神社へ、最終的には上賀茂神社へとむかう。葵祭《あおいまつり》。

二〇一四年のその日、行列が御所を出発するほんの少し前、丸太町橋を東へ渡っていた僕は、橋の北側、鴨川の浅瀬に、やはり鹿を見つけた。まわりに誰もいなかったからたぶん第一発見者だとおもう。僕の視線に気づいた通行人、葵祭の観光客が、

「鹿や」

「鹿やで」

と、やはり腕をまっすぐに伸ばし、ぱしぱし携帯電話写真を撮りはじめる。僕は自転車を飛ばし、家の玄関に駆けこむと、

「そのこさん、ぴっぴ、しかや！　かもがわにしかや！」

三人で走った。川に戻ると、鹿は北へ、荒神橋《こうじんばし》あたりまで移動していた。僕たちを含む野次馬は、鹿が浅い水をけり、とっとっと、と歩くたび、ぞろぞろとついていった。そのうち、あっ！　と気がついた。

今日は、馬の日かとおもってたら、馬と鹿の日か！

僕たちは鴨川の河原を、ぞろぞろ、ぞろぞろと鹿についていった。野次馬もまた、馬の一種なのだった。そうして、平行する河原町通では馬たちがそろそろと歩を進めているはずだった。

時空間を早送りし、二条大橋にもどる。二頭の鹿は、草間にすわりこんでしまった。青いTシャツの外人は、なつかしいおもちゃでも見るように、護岸にやはり、すわりこんでしまっている。ひとがやってきて、携帯電話で写真を撮っては、少し眺め、そして行ってしまう。

背後に気配を感じ、ふりかえったら、そのへんに長く生息している、という感じのじいさんが、自転車を停めて立っていた。僕や歩行者が見おろしているほうへ、ゆっくり、ゆっくりと視線を向ける。川面では、いつもとはちがう雰囲気を感じるのか、鹿のそばで鴨たちが集い、じたばた騒いでいる。

じいさんは、ふん、と軽く鼻を鳴らすと、

「かも、しか、やな」

と呟いた。そして、ペダルを踏みなおし、走り去った。居合抜きのようだった。

第17回　ま〜ぐ〜ろ〜

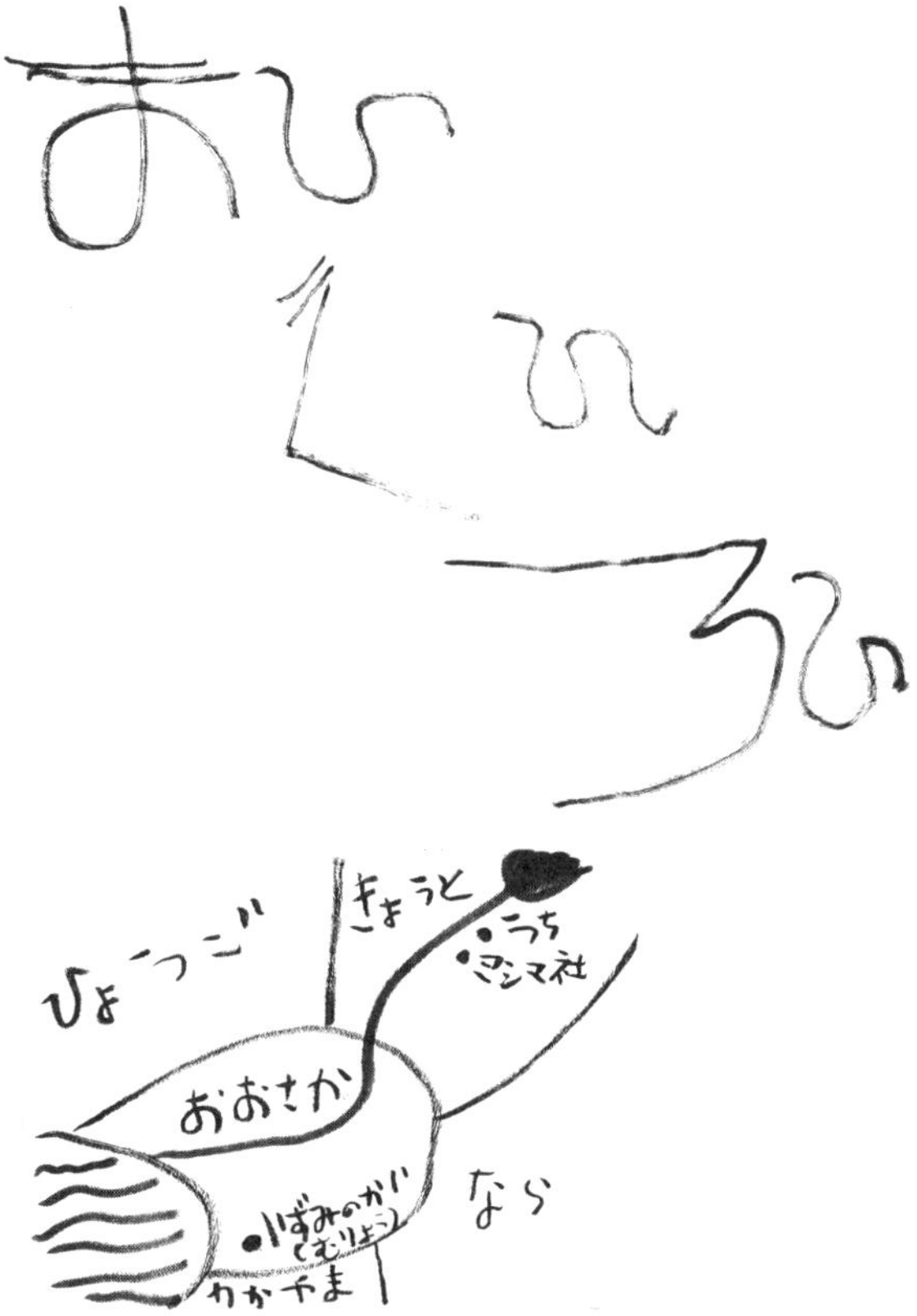

六十年つづけてきた学習塾を、父が、とじようと決めた。

大阪市住吉区の万代池のそばで、六十年前、まだ学生だった父がひらいた塾は「帝塚山泉の会」という。おもに中学生対象。たまに小学校高学年、高校生もみる。

僕が小学生だったころは、ひと学年百人以上の生徒を集めた。コピー機、ファックスはもちろん、カタカタ鳴るパンチ式のコンピュータまで、子どもの教育に役立ちそうなものは、なんでもいち早く取り入れた。

たまに実家に帰り、食卓を囲むと、

「いま来とる谷川の孫な、これがもう、めちゃめちゃやんちゃなやつで」

「三十七期生の松尾くん、いまは大阪府警で警部やっとるぞ、警部」

「二十三期生の山本のとこな、サンフランシスコに引っ越ししよって」

口をひらけば父は、いつも塾生のことばかり。五千人いるという卒業生の、すべての顔と名前、それに成績、得意科目、しゃべりかたを記憶している。近所の電気屋さん、酒屋さん、煙草屋さん、中古車屋、不動産屋、警官に教師、あらゆる人間が、父の教え子である。その子どもはもちろん、孫まで、三代かよったという家も珍しくない。

全国学習塾連盟の理事長を長くつとめた。会合は東京でひらかれるが、夕方、子どもたちのやってくる時間には、必ず、大阪の教室に戻っている。父は今年八十四歳になる。六十年間同じ場所で、ほぼ毎日こども相手に「せんせい」をやってきた人間は、皆無とはいわないでも、広い世間をみわたしてもやはり相当希有な存在だろう。

塾をとじるにあたり、過去に父のもとで「スタッフ」として働いた大勢のひとが、祝いの宴をひらいてくれることになった。

「スタッフ」とは、塾を卒業し、高校を経て、大学入学のタイミングで、父に電話でヘッドハントされた「学生バイト」のこと。バイトといっても、六十年の蓄積があるため、いまではもう会社社長だったり、学校を退官していたり、主婦だったりおばあちゃんになったりと、それぞれの生にそれぞれの花を咲かせている。

阿倍野にある中国料理店の大広間には六十人近い「スタッフ」が集まった。しばらく歓談するうち、みな大学生だったころ、さらには小中学校から泉の会にかよっていたこどものころの顔になっている。ここにいるすべてのひとの過ごした、長い生のどこかしらに必ず、父と費やした何年間の会話が詰まっている。そうおもうとふしぎな気がする。

「ええ、では開会いたします」

僕も教わった、国語の河上先生がマイクを握っている。

「まずは石井先生から、おことばをいただきます」

「えー、石井です」

父がマイクを取る。そうして塾の歴史を語った。はじめたときはどんなだったか。いまはどんな風になっているか。その間に何人のこどもが自分の前を駆けのぼっていったか。

「そのこどもたちが育って、こんな立派になったみなさんに、こんな時間をもって、祝ってもらえる。ほんとうのこととは、とうてい思えません。まさしく夢のようです」

と父は語った。

「みなさんとともに、帝塚山泉の会は今日までありました。そして、今日、閉じることになりました。ありがとうございます」

会場のそこここでハンカチが揺れ、すすりあげる声が漏れ聞こえた。

「で、明日からやねんけど」

と父はいった。

「明日から、あたらしい塾、ひらこうかとおもてて」

一瞬、沈黙の天使が通った。ぶぶっ、ビールかなにか、吹き出す音が響き、椅子にすわった母が、そんなんきいてないわ！　と空気銃の声をはなった。

「いや、みなさん、塾いうてもね、限定！　町内会限定！」

どよめきなど意に介さず、父は得意げに語りつづけた。

「塾にかよえないこどもらにね、週に二度、教室を開放する、それだけ。タダなんです。

塾のなまえは『むりょう』。タダの意味のほうやないよ。感無量、の無量や。『塾・無量』。こどもらもね、「むりょう」てきいたら、あ、タダか、て、すぐわかるしな」

場内に巻き起こる拍手に、父は満足げにうなずいていた。父が力尽くで、トローリングみたいに、喝采そのものを釣り上げたようにみえた。

カジキマグロは泳ぎをやめると、息ができなくなって絶命する。

「もうあきらめたわ」

と母は笑った。

「ほんま、もうええのよ。おとうさんは、しぬまで、おとうさんなんやから」

海原をおおう空の晴れやかさで、母は、そういって笑った。

第18回　まるいち

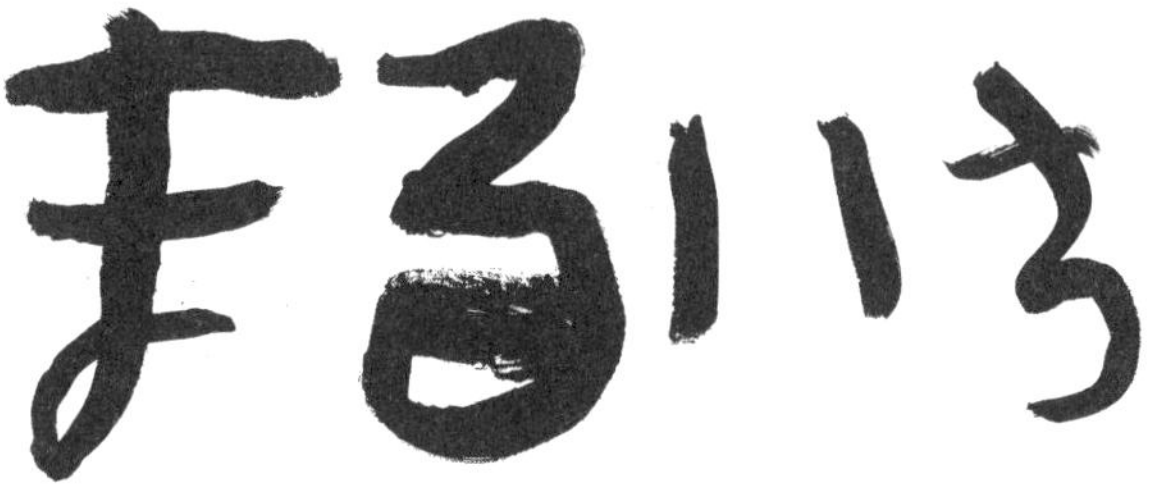

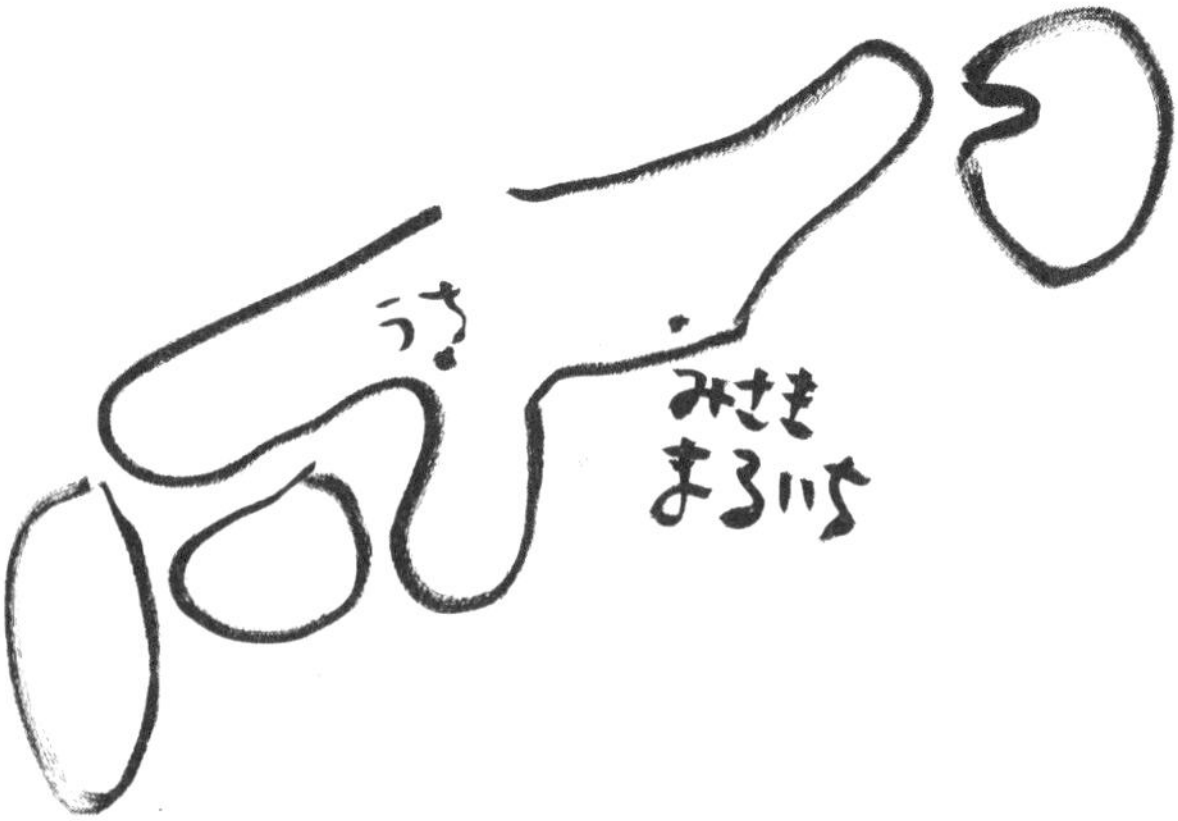

二〇〇一年の冬から二〇一〇年の夏まで、神奈川県、三浦半島の突端の港町、三崎に家を借りて住んでいた。

日の出とともに目覚め、昼過ぎまで机にむかい、午後は自転車で近所の磯に向かう。家に戻ると、風のよく通る二階の窓をすべて開けはなって、爆音でレコードを鳴らし、さっき素潜りでとったトコブシかウニをくわえて瓶ビールをあける。これがおやつ。

食事は三食、すぐ近くにある「宇宙一の魚屋」（さかなクン認定）まるいち魚店の魚介類。アジ、イワシ、イサキ、カマス、キンメダイ、アナゴ、サバ、メトイカ、マダコ。港町の空気とともに味わう三崎の地魚は、海という天国から降ってくる黄金色の雨だった。日々、雨粒を浴びるうち、僕のからだは人間の輪郭をとりもどしていった。

借りた古い日本家屋は、もともと、マグロ船の乗組員が、次の出港までのあいだ滞在する下宿、船員宿だった。

玄関をあがると、板間の台所、その奥に四畳半。青いペンキの塗られたコンクリの浴室は、窓をあけるとそのまま家の前の路地で、近所の子どもたちが覗き込んでいたり、水鉄砲を発射したりはしょっちゅうだった。

二階は一階にくらべ、屋根がひらいたかと思わず見上げてしまうくらい、天井が高い。ぐるっとまわりこむかたちの階段と、まっすぐな階段と、そう広くもない家にふたつついている。

書き物や読書、音楽を聴いたりに使っていた十畳間は、船員たちの雑魚寝部屋で、ふすまを取っぱらってしつらえた棚の板壁に、白人女性のヌードグラビアや、ピストルの、色あせた切り抜きが貼られている。まわりこむかたちの階段は、こちらにつづいている。

十畳の奥に、落ち着いた風合いの四畳半がある。まっすぐな階段と洗面台を、外廊下にそなえたこの部屋は、船長・船頭クラスのひとが泊まる「個室」だった。個室には、外から女中さんやホステスがじかにやってきて、船長にさまざまな「サービス」をした。締め切られたふすま越しに、その甘い声を聞かされた若い船員たちは、がばりと飛び起き、ダダダダダ、と勢いよく階段をまわりこんで、夜の三崎のネオンのなかに飛び込んでいったのだ。

港だから、船員宿だから、まるで寄港地みたいに、ぼくのもとにも、いろんなところからお客さんが集まってきた。みな一様に、三崎の町の風情、魚の味に目をみはり、来たときとは少し違う表情で帰っていった。画家、ミュージシャン、作家、家族連れ。まだ結婚していなかったカップル。五歳の女の子が、台所のまんなかに立っているむきだしの柱をさわりながら、ふしぎそうに、

「おかあさん、みて！　おうちのなかに、木がはえてる！」

三崎に流れてき、そのまま、住みついてしまったひともいる。

二〇〇九年の二月から京都にもいまの場所に家を借り、園子さんと過ごすうち、ひとひの種がうまれ、これを機会に、二〇一〇年の夏、三崎の家をひきはらうことにした。畑のあいだにある焼却場へ、軽トラックを駆り、九年間たまった不要品、紙ゴミ、粗大ゴミを、せっせと運んだ。五〇〇キロ以上あった。

最後の夜、窓を開け放し、音楽もかけず、寝息をたてる園子さんのまるまる膨らんだ腹部に手をあて、じっと目をとじていた。この家で過ごした、折り重なった時間が、目の前につぎつぎと展開され、ひろがっていった。ここに住んで、僕は、三崎から、海から、三崎のひとたちから、一生かけても返しきれないものをもらった。僕はこの家に住んではじめて、「生きる」ことに目覚めたのだ。

「だから、おまえが生きているかぎり、だいじょうぶだ」

そう家が語りかけてきた。

「この家がなくなろうが、京都に引っ越そうが、おまえのなかの三崎はなくならない。三崎のなかのおまえも、なくならない。同じことだろう。おまえは生きているかぎり、三崎の人間だ」

まるいちのみんなに見送られ、おなかに八ヶ月のひとひを入れた園子さんと、大きく手を振って、三崎を離れた。

もちろん、その後も三崎との関係はつづいた。生まれたばかりのひとひはまるいちじゅうに歓迎され、家族じゅうでいちばんの魚好きに育った。下町の路地や神社、旅館で、地元の顔なじみといっしょに、これまでに二度「三崎いしいしんじ祭」を開催した。関東に用事があれば、それにかこつけて一家で三崎にいく。いまでも、まるいち魚店の二階の窓辺には、園子さんが書いてくれた僕の表札がかかっている。

このゴールデンウィーク、一家で、東京の園子さんの実家に長くいた。途中、ひとひとふたりで三崎に出かけることになった。京急線の快特に乗れるだけでひとひはもうテンションが振り切れている。

品川から赤い快特でおよそ一時間。三崎口からまっすぐ、なだらかにつづく下り道を、京急バスで海までおりていく。商店街の端の「日の出」のバス停に着いた。「夜霧」「ニコニコ」など、飲食店の看板のむこうに、住んでいた家がむっくり建っている。

ふたり歩きながら、

「おとーさんのいえ、あれ?」

「うん、そや」

「はいってみたかったなー!」

「あかんなあ、カギもってへんし。いまはもう、だれもすんでへんねん」

「え」

先に、トトト、とひとひは駆けていき、

「とぉ、あいてる」

「え？」

あわてて追いつくと、たしかに、僕が閉めて以来あいたことのなかった、サッシの引き戸がひらいている。中を覗きこんで息をのんだ。毎日刺身を引き、魚を焼いた台所の床が、引っぱがされ、地面がむきだしになっている。階段にはシートがかけられ、四畳半の土壁は、柱を残し跡形もない。

開けはなった引き戸に顔をつっこみ、

「すみません、すみませーん！」

僕は叫んだ。

「だれかいませんかー？」

「ハーイ」

階段をおりてきたのは、頭にタオルを巻き付けた、屈強そうな三十過ぎの男性。

「ここ、取り壊すんですか。あの、ええと、じつは僕、前に、ここへ住んでたものなんですけど」

するど男性はまぶしそうに瞬きしたあと、あっ、という風に表情を変え、

「え、じゃ、ひょっとして、いしいしんじさんですか」

といった。ひとひも僕も目を丸くしたまま動けない。な、なに？

「連絡とろうとおもってたんです」

と男性、成相修さんはいった。

「じつは、僕、横須賀に住んでるんですが、三崎でゲストハウスをやろうとおもって、いい物件を探してたんです。そしたら、この家と出会って」

な、な、なに？

「近所に挨拶してたら、あ、あそこ、いしいしんじさんが住んでた家だよ、って知らされて、ええーっ！　てびっくりしてたところだったんです。工事は、三日前にはじめたばっかりで」

ひとひといっしょに、「船長の階段」を通って、二階にあがらせてもらった。成相さんの仲間たちが暖かく出迎えてくれた。

畳がはがされ、ふすまははずされ、さまざまなものがむき出しになっていたが、それでも、家はもとのままの風情だった。開けはなたれた窓から、毎朝ぼんやり眺めた城ヶ島大

橋と、やわらかく波打つ、いつもの海がみえた。

「ぴっぴ、ここやで」

僕は海を見つめるひとひと並んでいった。

「ここが、おとーさんが、すんどった家や」

「うん」

ひとひはいった。

「よかったなー、はいれて」

「ゲストハウス、この八月には完成予定なんで」

うしろで、成相さんの声がした。

「よかったら、オープニングの日に、ぜひ、ご家族で泊まりにきてください」

第19回　ハと

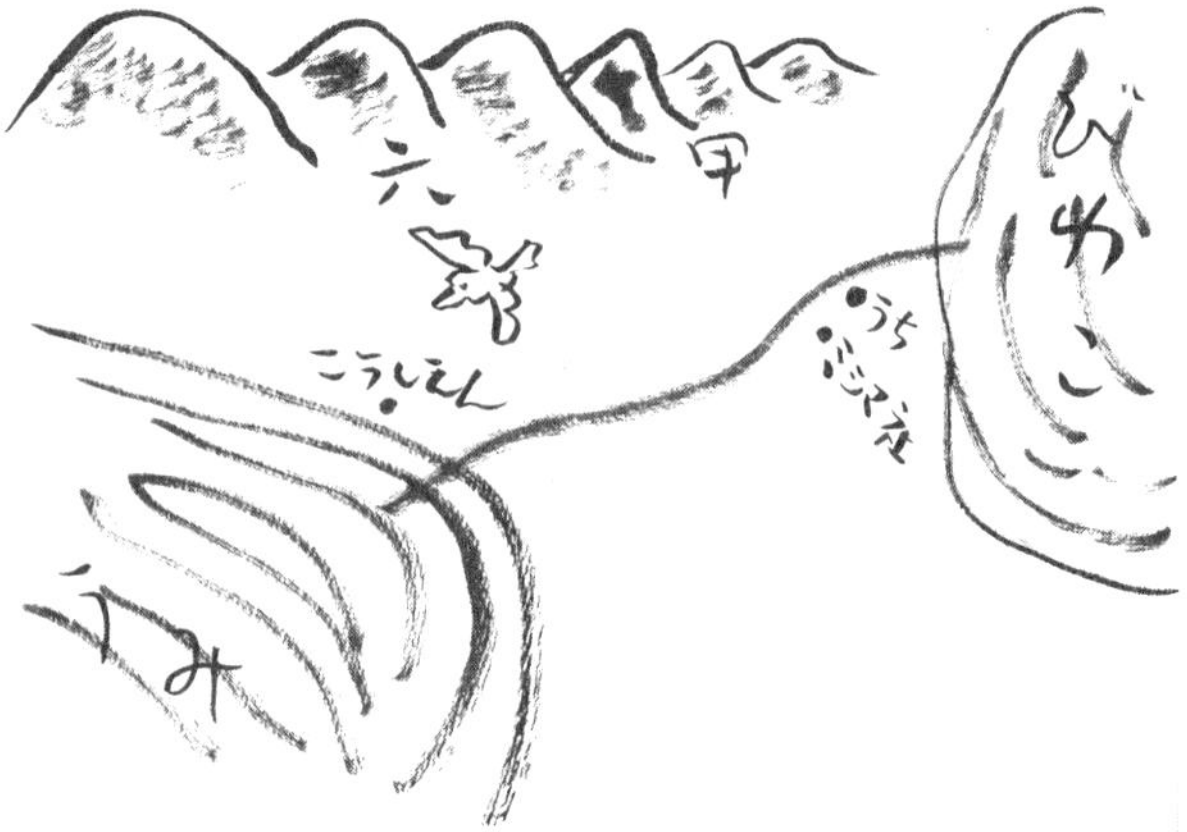

宇宙が透けてみえそうなくらい晴れ渡った五月晴れの朝、うちの五歳児ひとひは、園子さんに連れられ、左京区の自宅からＪＲ三ノ宮駅へとむかった。

きょうは、「せいかつだん」六歳組の遠足だ。六甲山にのぼり、子らで世話している伝書鳩を飛ばすのである。

「せいかつだん」とは、自由学園の流れをくむ幼児教育施設で、僕も四十五年前、大阪の「せいかつだん」に通っていた。四歳組、五歳組、六歳組があり、普通の幼稚園でいえば、それぞれ、年少、年中、年長さんにあたる。

京都の生活団は四歳組までしかなく、五歳組以降、ひとひは、西宮、甲子園口の生活団まで通っている。集合するのは週に二度。電車ふくめた乗り物好きのせいもあってか、京都から兵庫までかようこと自体は、毎週、たのしみにしている様子だ。

六歳組の春の遠足は、近くの小高いところで、飼っている鳩を飛ばす。六甲山を飛び立った鳩たちは、ぐるり、ぐるーりと、気持ちのよい風に乗って真っ青な天球をあがり、おそらく、南東の方角に、いつもの訓練で目になじんでいる「めじるし」を見いだす。アールをえがく海岸線かもしれないし、淡路島かも、工業地帯のかたまりかもしれない（甲子園球場、というのは、まあ、ないとおもうけど）。

六甲から鳩舎《きゅうしゃ》まで帰るのに、おそらく、二十分とかからないだろう。

僕の六歳組の遠足は、大阪と奈良をまたいでいる「二上山《ふたかみやま》」にのぼった。大津皇子がそこに埋葬されたなんて、もちろん当時はまったく知らなかった。長く長くつづくのぼり道のはて、山の窪地から飛び立つ瞬間の鳩の姿は、いまも目に焼きついている。「ネクタイさん」という名の鳩だった。まるで青い海に落下していくように、まっしぐらに飛びたった。そんな気がしているだけかもしれない。

こんな経験をしていたから、のちに、三崎でのひとり暮らしで机にむかっていたとき、たぶん小説のなかに、レース鳩の鳩舎が浮かんだ。

『ポーの話』。

冷酷な「埋め屋」の女房が、ただひとつ情熱をもって取り組むのが、鳩の飼育。書いているあいだ、僕の頭のなかを、絶えず「ネクタイさん」が飛びまわっていただろう。

長編小説を書くとは、連れていかれたはじめての土地で、めじるしを求め、高く低く、宙を飛びつづけることに似ている。

じつは、どこにも、あらかじめのめじるしなどない。飛んでいくうちに、眼下の景色全体が、なにがしかのサインとなるのでなければならない。真新しく、なつかしい土地を、鳩は、小説は飛びつづけ、そうしていつしか、終着地にたどりついている。

レース鳩にとって、一〇〇キロ、二〇〇キロ程度は「きんじよ」に過ぎない。四〇〇、五〇〇キロの距離を、鍛えられた鳩たちは、悠々と飛び越え、平然とした顔でいつものタラップをくぐり帰ってくる。

一〇〇〇キロを超すと、途端に帰還率がさがる。国内最長クラスのレースは、北海道で放鳩し、京阪神に帰ってくる。千羽はなして、無事にもどるのは十羽を切る。韓国から、雨の対馬海峡をこえて、日本の鳩舎にもどる、というレースもあったらしい。これだと帰還率は、一パーセントに満たない。

「鳩がかわいくないのか」

と、内心おもっていた。実際に、鳩レースにのめりこんでいる愛好家、何人もと会うち、「かわいい」「かわいがらない」、そんな問題でないのだ、と得心がいった。彼らは鳩のために生きている。鳩も、彼らのために生きている。

「帰ってくる鳩が、たいせつな鳩だ」

五十過ぎの男性が背中をむけていった。そうして、カナダで放たれた鳩が、一五〇〇キロ以上の距離をこえて、日本の鳩舎に帰ってきた話をきかせてくれた。

そういえば、三崎で『ポーの話』を書く前に、あの男性に会っていた。帰ってくる鳩が大切な鳩。このひとことは、いま思いかえせば、小説のあらゆるところに、声以前の声として響いている。「ポー」は、だからこそ、かえってくるのか。それとも、まだ、かえってこないのか。

四十五年前、二上山から放した鳩たちは、一羽残らず「せいかつだん」の鳩舎に帰っていた。が、いまも飛びつづけている姿もみえる。

六甲山の鳩たちも、鳩舎に戻ってからも、この青い五月の空をえんえん飛びつづける。

鳩の目でみるなら、この世にひろがる土地はすべて「きんじよ」だ。

第20回　いしいひとひひとひひとひひとひとしょう

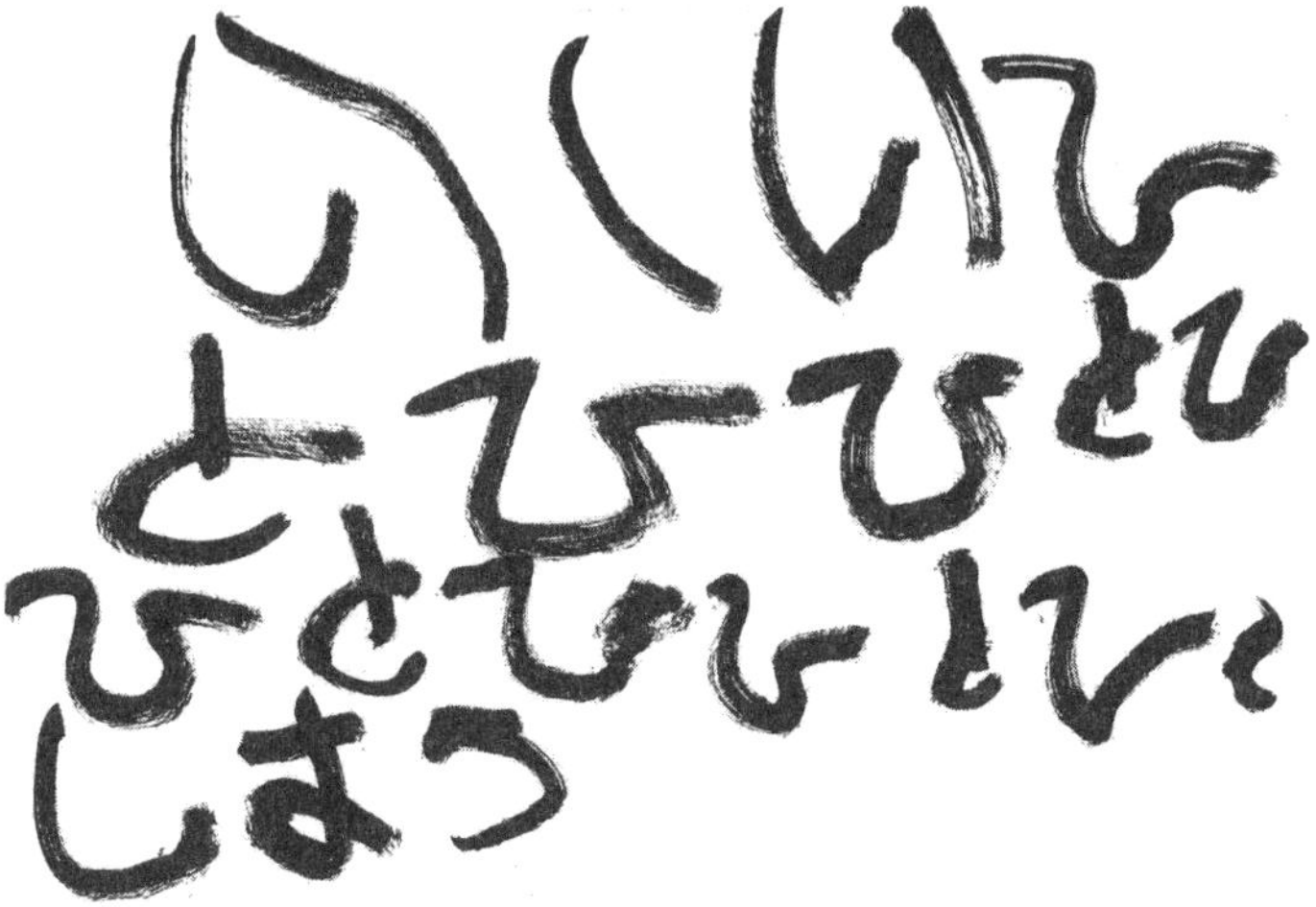

河合隼雄物語賞の候補にあがっていることは、ごくごく身内以外、ヒミツにしておいてください、と、最初の電話でいわれた。文藝春秋から去年の秋に出た『悪声』のこと。

河合賞は、例年、そうなのだそうだ。自分以外の候補が誰で、作品はなにか、最後の最後まで知らされない。受賞しなければそれきりのこと、たとえ賞を受けたとして、他にどんな候補があがっていたか、選考する側でなければ、けして知ることはない。

園子さんも両親も、事情通の兄も、おおむね喜んでくれた。書いているもの、暮らしているところ、その他もろもろ含め、賞自体がどことなはなしに「しんじっぽい」という。僕自身も、たぶん中学生のころから、隼雄、雅雄、「河合兄弟」の書いたものを、折にふれて手にとってきた。文系も理系も、ほんまのおもしろさの前で、そんな区別はなんの意味もないと、ふたりの著作に教えられて育ったし、いまもそのこだまは、背景放射のように、僕のなかの闇に響きつづけている。

当落は、事務局からじかに電話で知らせてくれる。日常の過ごしかたには別段変化はない。そのうち、新潮社から電話がかかってきて、『悪声』が今度は、三島由紀夫賞の候補にあがった、と告げられた。『悪声』、大人気！

というより、三島賞の候補になるのは、今回が六回目で、二〇〇三年以降、長編を発表するそのたび、候補にあげてもらっている。そして落とされ、落とされ、落とされ、落と

され、落とされてきた。あとできいたら『ポーの話』と『四とそれ以上の国』は惜しいところまでいったらしい（二作受賞も検討されたけれど、新潮社の社長が一作に絞るよう求め、そしてどちらも僕の作品が落ちた）。ノミネート六回は、いうまでもなく、三島賞史上最多となる。

大人気、と書いたが、じつは『悪声』は、すでにこっそり、とある文学賞をいただいている。書評家の豊崎由美さんと北海道新聞が企画した、栄える第三回「鮭児《けいじ》文学賞」を昨年の暮れに受賞した。豊崎さんが独断で、この一年でいちばんおもしろかった小説を決める。独断結構、大感激。そして賞品が北海道の海の幸「鮭児」だった。

鮭一万本のなかで、一尾か二尾しかとれない、まぼろしの鮭。

「でも、シャケでしょ」

正直、そうおもっていた。しかも冷凍の状態で届いたし。自然解凍し、ぷりぷりの身を舌の上に乗せた瞬間、この世が終わったかとおもった。僕は鮭児に引きずり込まれ、がくがく揺さぶられ、あたらしい世界に放り出された。

わりと長く三崎に住んで、毎食魚を食べていたから、ほかのことはまあとにかく、魚についてはわりとよくわかっている、と思い込んでいた。鮭児はハハハと笑い、僕のちんけな自負を打ち砕いた。僕は魚の極上のおいしさなどまだまだ味わったことがなかった。

まぼろしの鮭、鮭児は、これまで僕が食べたどんな魚より、美智代さんが選んでくれたムツのフライより、宣さんが手塩にかけたヒコイワシのめざしより、悔しさもなにもすっからかんと吹き飛ばして、段違いにうまかった。

「こんなにうまいのか！」

「悪声、書いてよかった！」

と、当時のノートに、走り書きが残っている。そんなにうまかったのだ。

さて、電話がかかってきたときは、その日だと忘れていた。ひとひと「こども未来館」にいって、絵本を十冊借りてき、風呂あがりのひとひの背中に保湿クリームを塗っているところだった。うちの電話の音が鳴り、園子さんが受話器をもってきて、

「かわいさんから」

といった。それが受賞の知らせ。お受けいただけますか、ときかれ、もちろんです、ありがとうございます、と一礼して電話を切った。

園子さんは、

「すごいじゃん」

と東京のイントネーションでいった。

ひとひは、僕と園子さんの説明をきいて、

「おとーさん、やったあ　やねえ！」

といった。

「じゃあ、つぎは、いしいしんじしょう、もらわなあかんな！」

三島賞の発表は、東京の山の上ホテルで、文春、新潮の編集者たちと待った。これまでにも二回、同じロビーで待ち、二回、編集者が電話連絡をうけ、僕に「残念でした」と頭をさげている。

選考会がはじまり、一時間、一時間半経っても、まだ連絡がない。もめているときは、と僕は内心おもった。たぶん、こりゃ、あかんやろな。

着信音が鳴り、携帯電話をとった文春の編集者が、僕に電話機を渡した。これまでになかった展開。え、ひょっとして、とおもいつつ電話を耳に当てる。

「いしいしんじさんですね」

と事務局の女性がいった。

「残念ながら、いしいしんじさんの『悪声』は、受賞にいたりませんでした」

あとから、京都の家に電話すると、園子さんが「またあ？」と、鮭児みたいにケラケラ笑うのがきこえた。

ひとひが電話のむこうで、

「はっぴょう、だれやったん？」

ときいた。

「ああ、はすみさん。しゅっとした、おじいさん。はすみさんが、もらわはったよ」

「あっ」

とひとひはいった。

「おとうさんの、すきなひとやから、よかったねえ！」

第21回　じてんしゃ

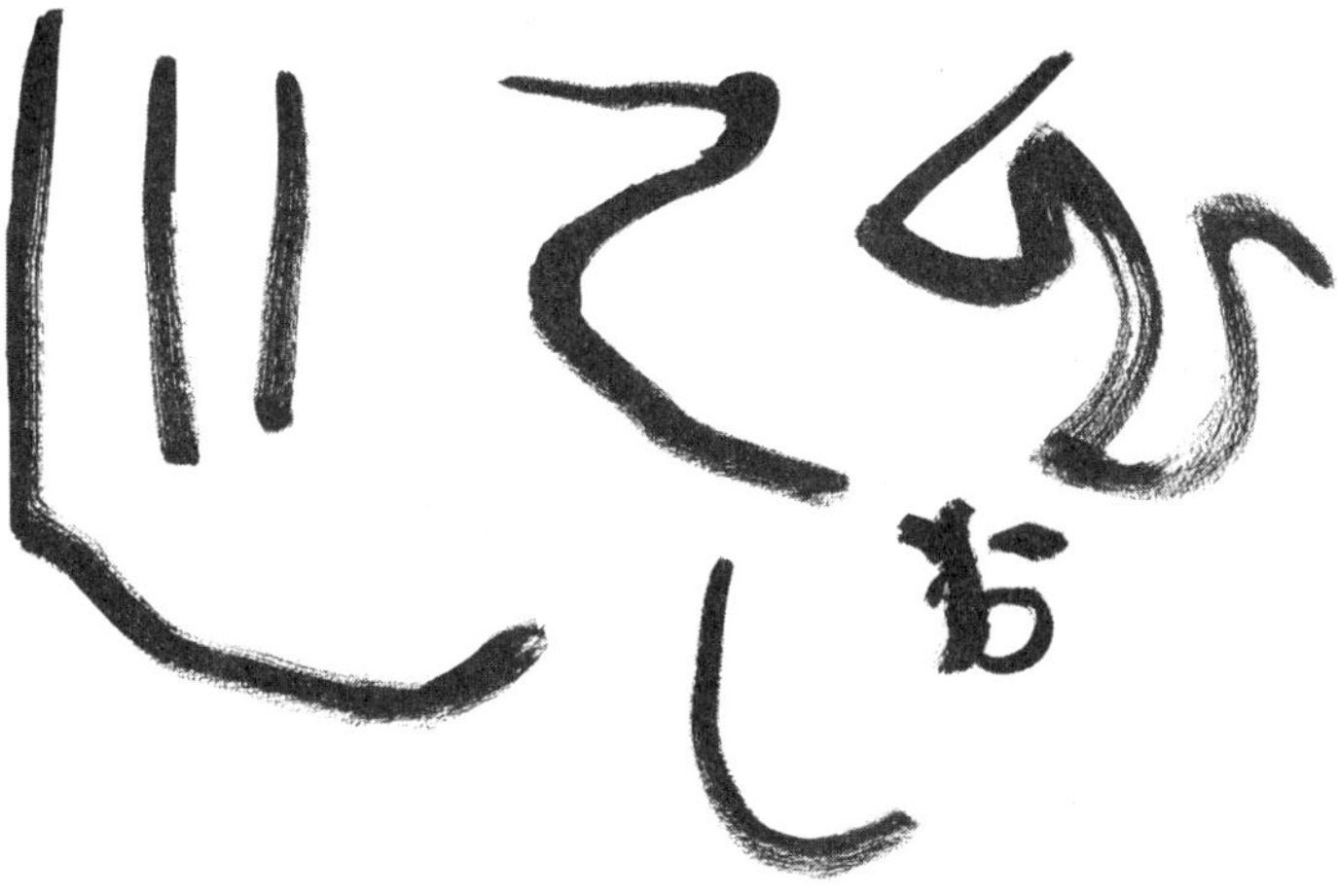

ひとひがまだ二歳だったころ、丸太町橋南側の河原で、奇妙なものをみかけた。父親とふたりの男の子。

上の子は、幼稚園の年長ぐらいで、くるくると自在に、大ぶりなマウンテンバイクをあやつっている。京都の子は自転車が早い、という印象はもともとあったが、それを地で行く。

下の子は、ひとひより少し上で、たぶん三歳。「奇妙なもの」とは、彼がまたがった二輪車だ。前後の車輪はプラスティック製で、ソフトボールくらいの径しかなく、補助輪がないばかりか、ペダルがついていない。下の子は、星をこぼすようにケラケラ笑い、砂埃をまきあげ、ほんのかすか、傾斜のついた河原の土地を、右、左、右、左、肉のぷりぷりした両足で、力強く蹴っていく。

両足をあげ、バランスをたもって、すすーっ、と空気の底を滑っていく。

父親によれば、それは「トレーニングバイク」というもので、烏丸丸太町の東、府庁前の自転車屋さんで買った。そこはもうこれを京都市内の子に三千台売っている。はじめはこの極小の車輪、慣れたらゴムのタイヤに履き替え、脚で地面を蹴って、バランスをとって進む感じを、からだの芯でおぼえる。

翌週でかけたその自転車屋さん「丸新」の主人は、

「自転車にはやく乗れると、自立心がはやく育つんですわ」

といった。

「はじめて、自分の足だけで、知らない世界にどんどん入っていける。トレーニングバイクは、はやく自転車に乗れるようになるための、トレーニングと思っといてください」

このトレーニングバイクに、ひとひは大はまりした。当初は、ジョギングシューズをはいた僕が、まうしろを伴走し、「ストップ！」「右！」「すみません、じてんしゃ、とおります！」などと、前方に声をかけた。そのうちひとひは、とても走ってなど追いつけないスピードをだし、前の歩行者に、みずから「すんません！　とーりますー！」と、呼びかけるようになった。

タイヤのついたからだで、猛ダッシュするようなもの。四歳、五歳と、脚力があがるにつれ、本気で蹴りつければ、車重、体重の軽さもあいまって、停止時から一〇メートルほどの加速では、自動車はもちろん、そこらのバイクよりひょっとしたら速い。

そこらの子が想像もしていないスピード感に日々ひとひは慣れていった。「たいそうかい」の短距離走で負けたことがないのは、足の力もむろんあるが、この、スピード感のためだったとおもう。まわりの子らより、リミッターの上限が高いのだ。

もう四歳はじめから、補助輪なしでペダル式自転車には乗れるようになっていた。けれぺダル式で、乗れる、と自覚していながら、ぺダル式を却下、えんえん京都の地面を蹴りつけつづけた。が、五歳のある日、「せいかつだん四さいじグループ」で同級生だった女の子が、買ってもらったばかりのルイガノ二〇インチを、楽しげに、えっちらおっちら、けっこうな速さでこぎだすのを見て、その夜、ひとひみずから、

「あした、ぺダル、つけにいきたい」

と直訴してきた。

翌日、トレーニングバイクに、チェーン式でない、ローラー直回転式とでもいうのか、タイヤとほぼ同回転のぺダルがついた。が、タイヤ自体の径が小さいので、速い三輪車くらいの速度しかでない。それでも、バランスをとりながら、自走するのがおもしろいらしく、

「おもしろーい！」

といいながらこぎ、こぎ、こぎつづけるうち、ひとひが強力な脚で蹴りつづけたせいで、タイヤをまわすギアが、内奥で、ぎーこ、ぎーこ、変な音をたてはじめ、そして回らなくなった。

「こら、あたらしーの、こうたほうがええなあ」

ということで、僕は、京都市内の自転車屋マップを作り、片っ端から電話してみることにした。「ひとひの一台」が、この町のどこかでいま、すーすー、息をひそめて待っているはずだ。

（つづく）

第22回　BMX

電話するだけでは、実物がどうかわからない。まずは自分の自転車で、近所をめぐってみよう。

二十年以上乗っているロードバイクにまたがり、走り出す。

左京区の、百万遍《ひゃくまんべん》から高野界隈は、京大生が住むせいか、自転車屋さんが多い。「きゅうべえ」「あさひ」「SAKURA」「eirin」等々。まわってみると、意外なことが判明した。小学校にあがる前の、五歳六歳くらいのからだにちょうど合った、子ども用の自転車は、びっくりするくらいバリエーションが少ないのだ。

各メーカーのカタログをみると、補助輪なしの、二〇インチ径の子ども用自転車は、おおむね一種類しか作っていない。

それより下は、補助輪つきで、たまにアニメのキャラクターなんかがデザインされているミニ自転車。いっぽうその上は、サドルからハンドルまでの距離がけっこうある、小学校三年くらいからの、たとえば、大ぶりなマウンテンバイク風自転車。

これはたぶん、ちいさい子が自転車に乗りはじめるにあたり、まず、補助輪をつけて乗る、という、昔ながらの因習にのっとっているためだろう。小学校にあがってすぐは、もともと乗っていた自転車で練習し、補助輪がとれたあとも、そのましばらく乗る。そうしてからだが大きくなってくると、九歳くらいの誕生日に「あたらしいじてんしゃ」を買ってもらう、という流れ。僕もそうだったし、三人いる、ほかの兄弟もそうだった。ほぼすべての自転車メーカーがいまだ、こうした手順をふまえて、子どものための自転車を作っている。

ところが最近は、トレーニングバイク、ストライダーの普及によって、はじめから補助輪などつけず、四歳、五歳で自在に自転車をあやつれる子どもが増えている(ひとひがそうだったように)。メーカーの予想をこえて、運動能力が高まってしまった彼ら彼女らは、従来の自転車マーケティングの網からすっぽり抜け落ちてしまう。

下鴨の「きゅうべえ」は良心的で、どれでも乗ってみて、納得いくものを選んでください、といってくれた(またがるのはＯＫでも試乗させてくれないお店が少なくない)。

ようし、とペダルを踏み直し、北山通を越え、深泥《みどろ》が池の西側を抜けて、岩倉まで走った。「cobu cycles」は、前から気になっていたお店だった。自転車好きのスピリットがひとのかたちをとったような若いご主人が出迎えてくれた。一六インチ、一八インチ、二〇インチから二二インチ。店の入り口に、国内外の子ども用自転車が、コンパクトに詰めて並べられている。

「こんにちはー」と、近所の小学生が、整備のすんだ自転車をとりにくる。

事情を話すと、

「ルイガノは、タイヤが二〇インチで、サドルからハンドルまでを短くしたんですよ」と教えてくれた。それで、京都でも東京でも、あんなにたくさん走っているのか。ちなみにひとひははじめから「あれはイヤや」と拒否している。いっそ、大きいのからはじめる手もありますよ、とのこと。ありがとうございます、と手を振ってペダルを踏みしめる。cobuさんにはいずれ、僕のロードバイクを預け、塗装をしなおしてもらうことになるとおもう。

最後に、烏丸鞍馬口のBMX専門店「スポーツサイクル　アラカワ」に寄った。ここのご主人もそのご両親も自転車ラブが全身をじゅんさいのように包んでいた。

「二〇インチ？　BMXは、大人用でもぜんぶ二〇ですわ」

とご主人は笑った。

「子どもさんやったら、一八か一六。それでけっこう長く乗ってもらえますし」

なるほど、BMX、という方向があった。子ども用といっても頑丈だし、プロのメーカーが、子どもの競技用に作っているため、余計なものがついていないし、とりまわしもしやすい。フレーム、ハンドルの色かたちもバリエーションが豊富。

なんか、そうなるかな、という予感はあった。夕方、「せいかつだん」から帰ってきたひとひに、各店でいただいてきたカタログをどさっと渡し、一部ずつ開いていきながら、

「なんか、これかな、ってひっかかるじてんしゃがあったら、おしえてな」

するとひとひは、

「これ！」

と指さす。強い声で、

「ぜったい、これや！」

やっぱり、ＢＭＸか。

（つづく）

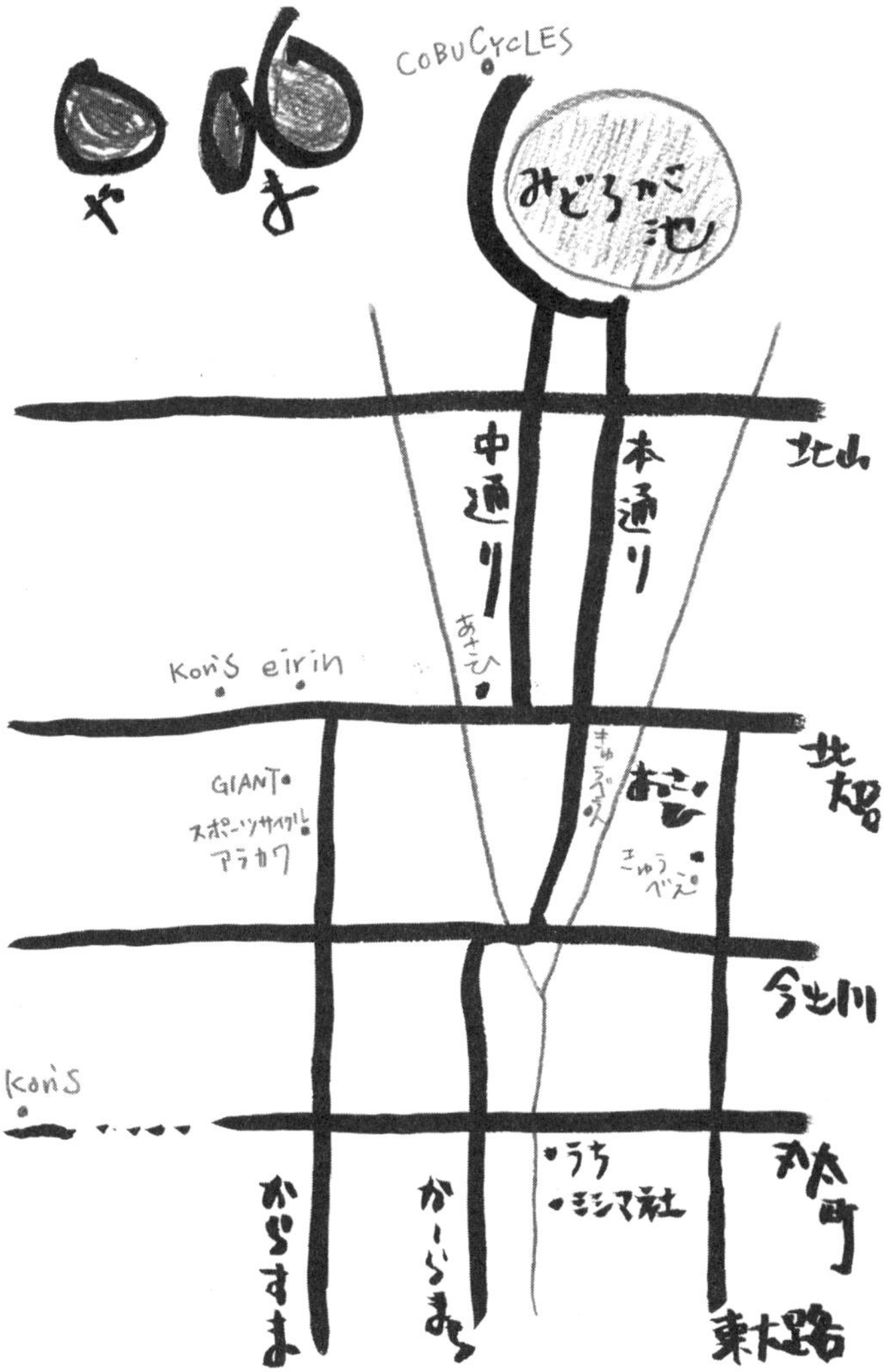
やま
COBUCYCLES
みどろが池
中通り
本通り
北山
あさひ
kon's
eirin
北大路
GIANT
スポーツサイクル
アラカワ
きゅうべえ
あさひ
きゅうべえ
今出川
kon's
うち
ミシマ社
丸太町
からすま
かーらまち
東大路

第23回　TOMODACHI

TOMO
DACHI

初夏のある日、ひとひを連れ、市バスの一日乗車券をつかって、チェックしておいた自転車屋さんをすべてまわった。

「エイリン」「きゅうべえ」では、サドルにまたがれること自体、嬉しげ、ほこらしげだった。僕の知る限り最高の乗り物好きが、うまれてはじめて、自分だけの乗り物を選ぶのだ。

西大路の先、花園のコンズサイクルにいったらたまたま定休日だった。暑い日中、けっこう歩いたというのに、「ガーン、やなあ」と、にこにこ笑っている。

市バスを乗り継ぎ、午前中で早くも、前回書いた、烏丸鞍馬口の「スポーツサイクルアラカワ」へ。ＢＭＸ専門店。ドアをくぐるやひとひの目が輝く。

「これが、一八インチ。こっちが、一六インチ。さ、乗ってみ」

二代目だろう、若いご主人は子ども扱いに慣れているようすだ。ひとひ、またがったまま、ニヤニヤ、ニヤニヤ。ハンドルがくるりとまわる。競技用のＢＭＸ。前輪にも後輪にも、パークライド用のペグがついている。一六インチでも、サドルを高くすれば高校生くらいまで乗れる。

店を出て、バス停にむかいながら、

「ぴっぴ、さっきの自転車やねんけど」

と話しかける。

「もっと、あそこがこうしたらいいとか、こうなってたほうがいいとか、そういうの、なんかない？」

「ない！」

と断言。

「あのね、ぴっぴ、ずっと、ずーっと、あれが、ほしかってん。ほかのんとちゃうの。あのままが、ええの。あのじてんしゃにい、ぴっぴは、うまれるまえからあ、ずっと、ずーっと、の、り、た、かっ、てん！」

そうですか。

北大路駅の脇のうどん屋さんで冷やしうどん食べ、地下鉄、バスと乗り継いで円通寺道のコブサイクル。二二インチまたがってみるも、

「ちょっと、まだ、むりかなあ」

と、足をぶらぶらさせる。店内を埋め尽くしたメカ類、フレームなどには、めちゃめちゃ興味を引かれた模様。

「ぴっぴ、おにいちゃんなったら、ここで、おとーさんみたいなん、おこづかいためて、かうわ」

「そやなあ。それがええわ」

アラカワとコブサイクルの共通点は、どちらも若いご主人と、先代らしい、お父さんのふたりがお店にいること。近所のこどもらが頻繁に、「おっちゃーん!」と自転車でやってきては、会話を弾ませ、ごきげんで帰っていくこと。

翌日、園子さん運転のレンタカーでアラカワを再々訪。ひとひはもう常連のような顔で「おはよーございまーす」とドアを鳴らしはいっていく。

「おう、ひさしぶり。二十四時間ぶりやな」

と笑うご主人。

一応、園子さんにも、一八インチと一六インチにまたがる様を見比べてもらう。が、ひとひのこころは、みるからにもう決まっている。一八インチではわざと足をぶらぶらさせて届かないアピール(ほんまは届く)。一六インチだと、うしろのペグに立ち、曲乗りのまねまで披露したり。もうとうに、このクルマとぼくとは、かたいきずなでむすばれていますよ、と全身で語っている。

園子さんは心配げだ。こんな自転車、五歳児にほんとうに必要なのか。ハンドルは三六〇度回転し、大ぶりで、慣れてないいまフラフラと安定しない。サドルもつんと上向きで、安定感にはほど遠い。前後輪のペグなんて、初心者にとっては飾り以下、ただの邪魔。チェーンはむきだし。荷台はもちろん、自転車を停めておくスタンド、荷物をいれるカゴ、泥よけさえついていない。

ほんとうに、こんな自転車が、ひとひに必要だったのか。

僕には、こたえることができない。が、ことは、理屈やことばをこえているのではないか。たとえばそれは、子どもの、友達えらびに似ているのでは。ことばづかい、習慣、性格や家庭環境と、相通じるもののある、安心する相手としじゅう過ごすこともあれば、まったく正反対の、「なんでこの子と」とおもわせる相手と、たえず行動をともにすることもある。

そして、自分だけの自転車は、はじめての親友だ。「うまれるまえから、これにのりたかった」とまでいわれて、僕は、より安全な運転しやすい相手を選ぶよう、ひとひを説得する心持ちに、どうしてもなれなかった。父親としては、あかんかったかもしれない。でも、もし自分がひとひだったら、そうおもうと、一六インチのペグつきタイヤをはめた真っ黒い親友が来てくれた日のことは、きっと一生おぼえているとおもう。

その日以来、ひとひは、京都じゅうのあらゆる場所に出かけるとき、わざと、ずっと遠回りするようになった。ミシュランのヘルメットかぶって、まじめな顔でハンドルをにぎりしめて。はじめての親友と、もっともっと長く、ふたりきりで話していたいのだ。

第24回　こあゆ

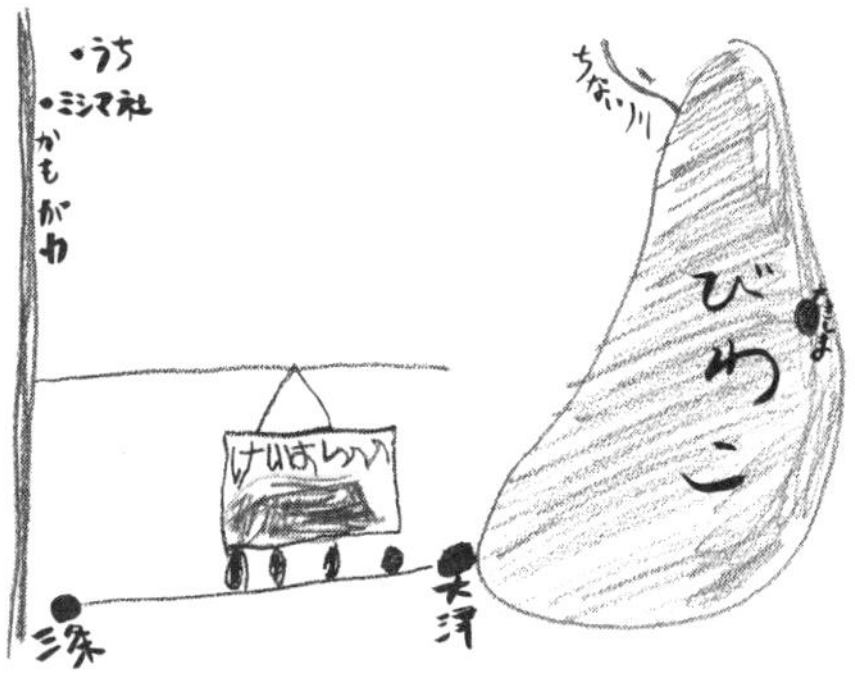

朝四時に起き、長靴、帽子など用意をととのえて外に出ると、お地蔵さんのほこらの前に、使い込まれた乗用車が、静かにとまっていた。一見それが、乗りこんだものを別の時空に運ぶＵＦＯに見え、僕はごくりと唾をのみこんで、開け放した助手席の窓をのぞきこんだ。

「お、いしいくん、おはようございます」

「おはよーございます」

運転席で、北白川にある料理屋「おおきに屋」店主、望月正樹さんが笑っている。どことなく宇宙人みたい。高校三年の頃からだから、もう三十年以上のつきあいになる。

ＵＦＯ車は、三条通を東へ、東へ。大津の市街から１６１号バイパス、いわゆる湖西縦貫道路に乗ったら、今度は北へ、北へ。

道中、楽しげにハンドルを握りながら、望月さんが琵琶湖の話をしてくれる。その豊かさ、おおらかさ、恐ろしさ、うつくしさ。望月さんはたしかに、宇宙人にちがいない。琵琶湖という、大いなる生態系から毎朝、のそりのそり、人間の世に歩みでる。湖面をきらめかせて、朝日がのぼる。太陽が、何本もの黄金色の腕をのばし、この地球を、たったいま、つかみとろうとしている。

マキノ町でバイパスをおりる。と、たった十秒で世界が一変する。川縁の草道を、ＵＦ

０車はそろりそろり、足音を忍ばせてすすむ。シラサギたちはもうとうに起きて、長い朝ごはんの真っ最中。

「このへんにしようか」

望月さんは車をとめる。川沿いにはほかにも、ハイエース、ミニバンと、ちらほらとまっているけれども、風景の静けさを破るものは誰もいない。長靴をはき、帽子をかぶる。

「いしいくんのサングラス、偏光？」

「うん」

「じゃあ、かけて、川んなかみてごらん」

川幅一〇メートルほどの、浅い流れ。水面はやわらかな朝日を受けてちろちろ輝いている。サングラスをかけ、覗きこんだ瞬間、僕は、からだじゅうに無意識の波があふれかえるのを感じた。たったいま、電波望遠鏡で、銀河の果てをのぞいている。あるいは、無限のシュノーケルをくわえ、懐中電灯を握りしめて、世界一深い海溝の上に浮かんでいる。

鮎《あゆ》だ。

夕立前の雲みたいに、小鮎の群れがうねっている。光を滑らせる流線型。水という宇宙に浮かぶ生命の結晶。

竿《さお》、しかけ、エサ。すべて望月さんが用意してくれる。長靴の僕は岸ぎりぎりに立ち、息をぐっと詰めて、湖面に糸を投じる。
一、二、三で、望月さんが、
「ほら、もう食っとるわ。あげてみ」

「え？」

あげてみる。四つ、五つついた針のひとつに、ちいさな鮎がちょこんと引っかかり、川面の上で、朝日をはたはたふりまいて躍っている。

竿をたてると、近づいてくる、近づいてくる、人生初鮎。そっとつかみ、顔をたしかめてから、指先をぐねぐねまわして小さな針を口からはずす。ありがとう、きてくれて、とささやきをかける。

うしろで望月さんがニヤニヤと宇宙人の笑みを浮かべている。

琵琶湖の小鮎は、「鮎の子ども」つまり子鮎でなく、もともとからだが小さい、だから小鮎。上流でうまれ、成長すると、海のかわりに琵琶湖へ泳ぎだし、そうしてそれぞれの母川へ帰ってくる。九月から真冬まで、短い禁漁期間にはいる。だから僕は、望月さんに無理をいって、八月のうちに連れてきてもらった。

竿の扱いに慣れはじめると、ここ、とおもった川面に、かなりの確率で針を落とせるようになってくる。仕掛けの先のオモリに、紙粘土みたいな練り餌をぎゅっとまぶす。小鮎たちが集まってきて、ごくごく喉を鳴らし、餌のまじった水をのむ。針の付け根に涙よりちいさなビーズ玉がつけてある。これがルアー代わり。小鮎たちは、あ、とおもって食らいつく。と、浮きが沈み、竿が立てられ、僕と小鮎が空中で出会う。

針を落として、数秒。ぴん、と身を躍らせて、小鮎が飛んでくる。僕は、小鮎に話しかける以外、なにもしゃべらなくなった。朝起きてすぐ机にむかい、小説のなかにはいりこむように、川にむかい、「釣り」のなかへ全身でずぶずぶはまりこんでいった。意識の釣り糸をたらし、透明な無意識をさぐる。やがて、思ってもみなかった結晶、うまれてはじめての「ことば」が、針にかかって、僕の目の前に浮かびあがってくる。起きながら、もう一度夢にむかっていくのに近い。僕は二時間のあいだ夢をみていた。自分の意志、意識をこえて、宇宙の底と対話していた。

急に、竿が重くなる。とんできた小鮎を受けそこなう。あれ、疲れたのかな。ちゃう、暑いんや！

時刻はいつのまにか八時を過ぎている。川のどこか別の場所から、じゃぶじゃぶ帰ってきた望月さんは、僕のびくを覗き、

「おお、けっこう釣ったねえ」

と笑った。見立てによれば、およそ百尾。

これは驚く数字じゃない。小鮎釣りを楽しむ釣り人のあいだでは、百尾ずつで「ひと束」「ふた束」という「ひと単位」なのだそうだ。

「きょうは、ふた束、釣ってくるか」

「お客さんくるから、四束ほどは、釣ってこなあかんな」

そんな風な釣り師たちが、ここ湖北の川に集まる。一日最低百人として、おおまかに計算して、毎日二万、三万の小鮎が、この川から釣り上げられていく。なのに、翌朝きてみると、小鮎たちはまた、積乱雲のように群れをなして川中を泳いでいる。

小鮎えらい。小鮎すごい。

謎をたたえた琵琶湖という小宇宙。その端っこでも覗かせてもらったよろこびを、京都に帰ってから、揚げた小鮎のうまみ、淡いほろにがさとともに嚙みしめる。

第25回　TOKYO-STATION-EKI

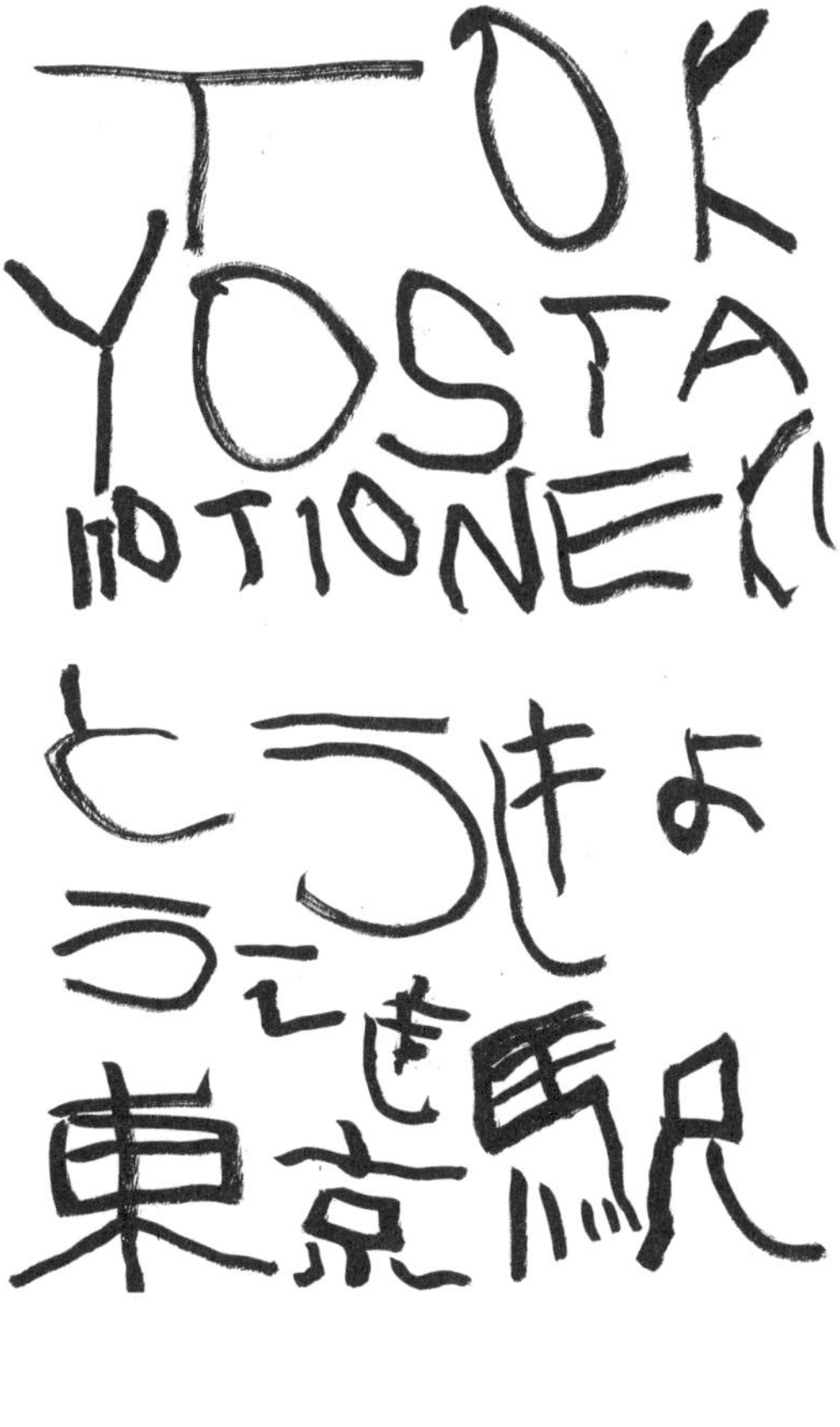

東京駅の丸の内口。煉瓦《れんが》造りの駅舎の正面から、皇居にむかってのびる「行幸通り」中央の歩道部分に、パッチワーク状の巨大な、大風呂敷が敷かれる。これが客席。

軽く見上げる高さに、ベランダに屋根をくっつけたみたいな、ステージが組まれる。

「東京駅のうた」。

作詞は僕、作曲は原田郁子と大友良英。

初演の数日前、ワークショップと称し、子どもを含めた三十二人のひとたちに、池袋のスタジオに集まってもらった。僕がきいたのはふたつ。

「きょう、出発してきた駅は、どんな場所だったか」

「東京駅は、あなたにとって、どんな場所なのか」

三十二組のこたえがあつまった。

「郡山駅　次はいつ帰るかな」

「大井町駅　リンクスルマホかってもらえるかな」

「葛西臨海公園駅　今日も海風が冷たい」

「さかた駅　ぐるぐるまよう　たのしいめいろ」

「てんじんばしすじ六ちょうめ駅　あさ六時に早おき　かわいいふくをきてきた　ねこのぬいぐるみをもってきた」

「徳島駅　デッドセクションで汽車に乗る」

東京駅で、ひとは見送り、駅弁を買い、ダッシュでトイレをさがし、甘いコーヒーをすすり、でっかい海老をみかけ、幼子に声をかけながら階段をのぼり、迷い、早くおうちに帰ってトーマスみたいー！　と叫ぶ。

東京駅に住んでいるひとはいない。電車すら、東京駅では休まない。ひとも電車も、荷物も、この場所を経て、別の目的地、終着点にむかう。まるで巨大な、レコードの穴のようなもの。まわりはたえず、ぐるぐるぐるぐる回りつづけ、盛大に音を、喧噪を、音楽をうみだすけれど、駅はそこにとどまったまま一寸も揺るがない。でも、姿かたちは、ずっと変わりなくそこにあるのか。ほんとうは、日々、時間、瞬間ごとに、駅だって変わりつづけているのではないか。

じっと見つめているときには、変わっていないようでいて、赤子がこどもに、こどもがおとなに、刻一刻と成長しつづけているのとちょうど同じく。

のぼり、くだりの鉄道は、からだを行き来する血流のようなものかもしれない。

複雑でいて、単純にみえるリズム。シナプスを走る電気信号。駅舎がだんだんと、寝そべった、巨大な人物にみえてくる。いや、きっとそうにちがいない。おおぜいを迎え、送りだし、つつみこむ、煉瓦造りの巨人。

九月初旬の晴れの午後、野外音楽イベント「アンサンブルズ東京」がはじまった。大友良英さんがリーダー、その知人・友人とワークショップ生が参加。ギターが鳴り、サックスが響き、歌声が秋の風に乗ってひろがる。東京駅は横たわり、日曜の仕事をこなしながら、ステージからの音楽にあわせ鼻歌をうたっている。

僕たちの出番はラスト。日は沈み、煉瓦造りの駅舎が、あたたかな秋の電灯に浮かび上がる。ステージ上、大友さんがあいさつしているそこへ、うちのひとひが駆けあがって、

「わん！　わん！」

などと騒いで、大友さんを苦笑させる。ぞろ、ぞろ、ワークショップのひとたちがステージ中央にあがる。正面にそびえたつ、東京駅のシルエット。上手《かみて》に、原田郁子さんとピアノ、下手《しもて》に、ギターの大友さんと、鉛筆をもった僕。

原田さんのピアノが始発電車のように滑りだす。何両か、走りすぎるのを待ったあと、鉛筆を握りしめ、白紙の上に字を書きながらマイクにむけて声を発する。

ごく短い「その場小説」のあと、原田さんが唄いはじめる。大友さんのギターが、がったん、ごっとん、特急電車のように重たげに走りはじめる。

「来てくれた　行っちゃった　やっと着いた　はやかった　まにあった」

「おとしもの　みやげもの　ひさしぶり　すれちがい　まだ眠い」

ピアノとギターが織りなす鉄路の上を、ワークショップ生が、ひとりひとり前に出て、それぞれの「駅」のことを、マイクで語りだす。詩の朗読。駅の朗読。いま、東京駅がふりかえり、聞き耳をたてている。

そして、三十人、四十人、それ以上のリエゾン。

「とー　おー　きょー　えー　きー」

「とー　おー　きょー　えー　きー」

東京駅を唄ったあまたの歌のなかで、これほどシンプルな歌詞は、ちょっとほかにないだろう。

「とー　おー　きょー　えー　きー」

「とー　おー　きょー　えー　きー」

子どもたちの吹きあげるシャボン玉が、夜のライトを受けて虹の色にかがやく。ステージ上に浮かび、そして、またどこかへ遠のいていく、おおぜいの記憶。

ただ、いまは、全員がこの場所、東京駅にいる。生まれ、年齢、職業、ばらばらな人間が、たまたま、このステージ上、ステージの下で、「東京駅のうた」をうたっている。

途中「ＩＣカード・リズム遊び」をさしはさんだ。

「スイカ、イコカ、キタカ、マナカ、トイカ、ピタパ、ニモカ、スゴカ、はやかけん！」

リズムに乗せて唄えばラップみたいにきこえる。日本全国のＩＣカード、東京駅ではむろん、そのどれもが問題なく使える（ほかの駅でも使えますが）。

「あと二時間　あと二分　やえすぐち　まるのうち　電車たち」

「うんてんしゅ　車掌さん　靴のおと　アナウンス　靴のおと　アナウンス　靴のおと　アナウンス　靴のおと　アナウンス　靴のおと　アナウンス」

「もうすぐ　かえる」

大友さんのギターの音がシャボン玉にかさなる。

「とー　おー　きょー　えー　きー」

「のぼり！　くだり！」

「とー　おー　きょー　えー　きー」

「のぼり！　くだり！」

線路はどこまでもつづく。いずれ、どこかでくるっと回って帰ってくる。声も、リズムも、音楽も。この、瞬間、東京駅はこの世の中心になっている。この、僕たちが生きている世界のすべてが、東京駅になっている。

第26回　北大路バスターミナル

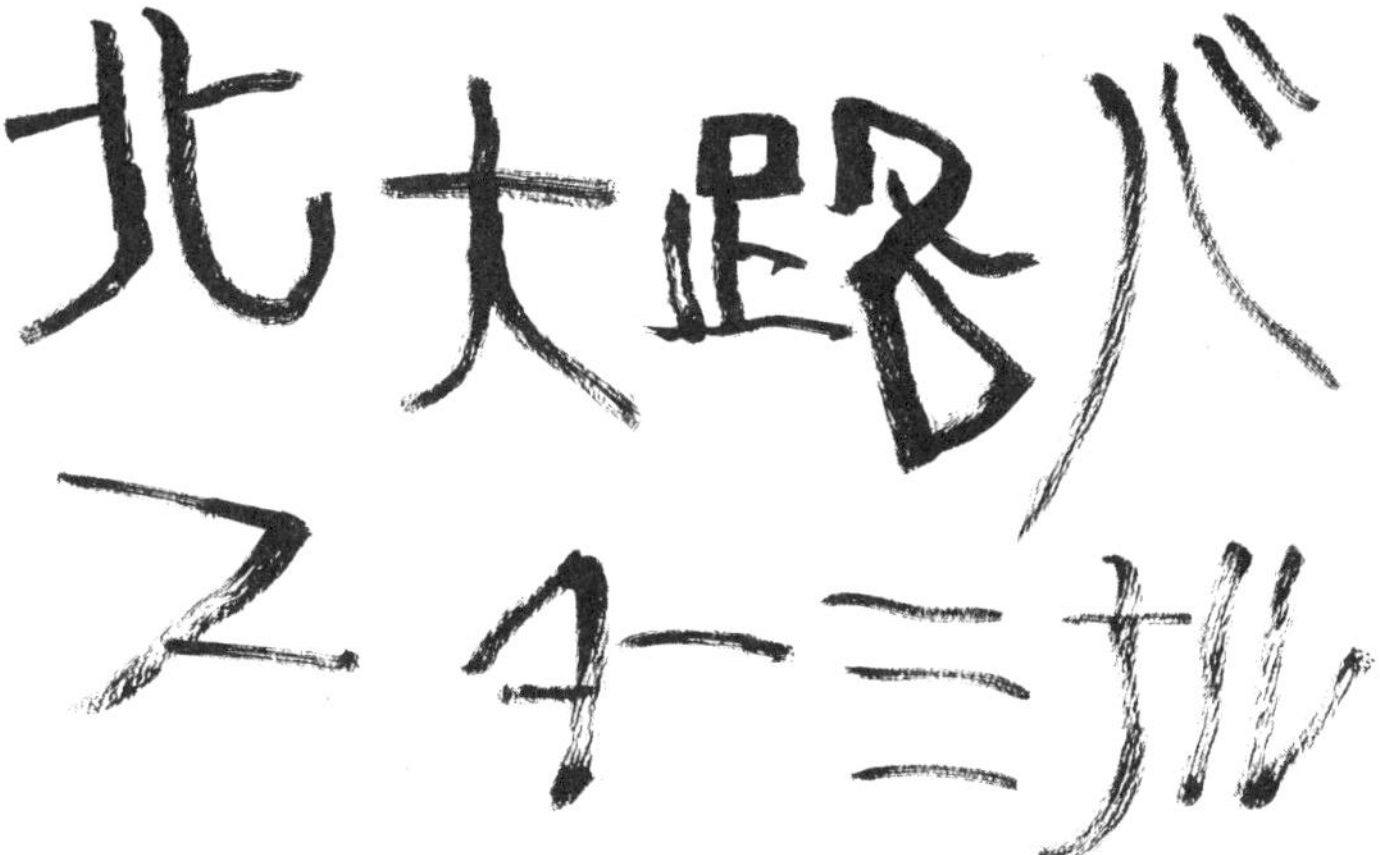

リオのオリンピックが、きっかけのひとつだったかもしれない。もともと自転車で走りまわるのは大好きなひとではあったし。

ひとひと毎朝、走っている。誕生日の一週間ほど前からだから、もう、ここ半月。いつまでつづくかわからないが、ともかく、ひとひのいちばんあたらしい「趣味」がランニングであることはまちがいない。

目覚まし時計のキューちゃん（イルカの声で「はやくおきないと、水かけちゃうぞ」とくりかえす）より早く起き、さっさと着替えると、急な階段を玄関までおりていく。水をひと口ぐいっと飲み、万歩計をポケットに入れると、空気がだんだん冷えてきた朝の路地に出る。

「さあ、きょうは、どのコースいこか」

僕がいくつか提案する。

「おかざき？　かもがわ？　それか、しょうがっこう？」

ひとひは考え、

「えーと、きょうは……おかざき！」

「じゃ、スタート」

ふたり並んで、走りはじめる。うちからぐるっと裏にまわり、冷泉通の、琵琶湖疏水沿いに、遊歩道を走る。走る、といっても、はじめは歩いているのに近いスピード。ひとひはスロースタータ一だ。平安神宮の鳥居がみえてくるぐらいで、ようやくエンジンがかかる。

「じゃあ、どうぶつえんの、どうぶつたちとかじさんに、あいさつしてこよか」

「うん！」

まだ朝の七時。動物園はむろん開園していないが、それだからいっそう、壁の向こう側から、動物たちの存在感、生きるエネルギーといったものが、走っているこちらにも伝わってくるような気がする。仁王門通を一路東へ。南禅寺前の五叉路《ごさろ》に、梶裕子さんが店主の

「うつわや　あ花音」がある。むろん、ここもまだオープンしていない。

岡崎公園をぐるっと一周してうちに戻る。およそ一時間、歩数は六千と少し。三キロにわずか届かない距離くらいになる。

「しょうがっこうコース」とは、京大病院の脇を抜け、聖護院の門前を通って、来年からかようことになっている、錦林小学校のグラウンド裏手から、丸太町通の正門へまわってくる道。毎朝そこで校長先生が、かよってくる生徒たちに朝のあいさつをしている。ひとひのこともすっかり覚えてくれて、

「おはよう！　来年、待ってるよ！」

と声をかけてくれる。校長先生にあいさつした直後、三〇メートルほど、ひとひの走りはトップスピードに乗る。

下鴨神社まで往復七〇〇〇歩、三・六キロを、途中休憩をはさみながら一時間半で走りきった翌日、六歳誕生日の前日、ひとひは、当面の目標である「北大路バスターミナル」までのランニングに挑戦した。片道、これまでで最高の距離だ。

途中、カンフル剤として、賀茂大橋の上からゴールまで伴走してくれるよう、ひとひと親しいツバクロすっぽん食堂のスガワラさんにお願いしておいたら、待ち合わせ時間になってもあらわれず、という一幕も。「おたのしみが、ねぼうやて！」と、かえってひとひも大喜びで走る。鴨川の二股から北上し、加茂川西岸にはいってから、ひとひのスピードがぐんぐんあがった。途中でおいついてきてくれたスガワラさんも、僕も、北大路の橋の上までついていくのがやっと。バスターミナルまでの歩道では、歩行者を、さっ、さっ、と左右によけ、ほぼ六歳児がひた走る。バスターミナルの入り口で、「ゴール！　ぴっぴよくがんばった！」と書かれた紙を掲げ、園子さんが待ちうけている。

三・六キロ走りぬいて汗もかかず、息ひとつ荒らげていない。おとな三人、こどもひとりでゴールの記念写真をとったあと、ひとひは仰天なことをいいだした。

「ぴっぴ、もうちょっと、はしりたいなあ」

そして河原へむけてダッシュ。スガワラさんと僕はあわてて追いすがる。加茂川の河原にもどったひとひは、スローダウンを何度かはさみながらトップスピードで駆け、橋がみえてきたところで大転びし、一瞬涙がにじみかけたが口をぐっと結んで耐え、立ちあがるや猛然とダッシュし、そのまま北山大橋の下の第二ゴールまで、停まらずに走りぬいたのだった。

「乳酸、でないんやね」

「全力疾走から、ちょっとスピード落としたら、すぐに回復してしまうんやろな」

はあはあいいながら、スガワラさんといいあう。六歳児のからだは、疲労などためこむ暇もなく、成長をつづけている。

来年四月、小学校の入学まで、毎朝走りつづけられたとしたら、そのゴールは入学式の正門なのかもしれない。とはいえ、ひとひのことだから、手を広げてゴールしたとして、そのままのスピードでどこまでも、駆けていってしまうのだろうけれど。

バスターミナル
きたおおじ
しもがも
いまでがわ
ごしょ
からすま
てらまち
かわらまち
かわばた
まるたまち
にじょう
おいけ

第27回　みやさまにおまんじゆうもろた

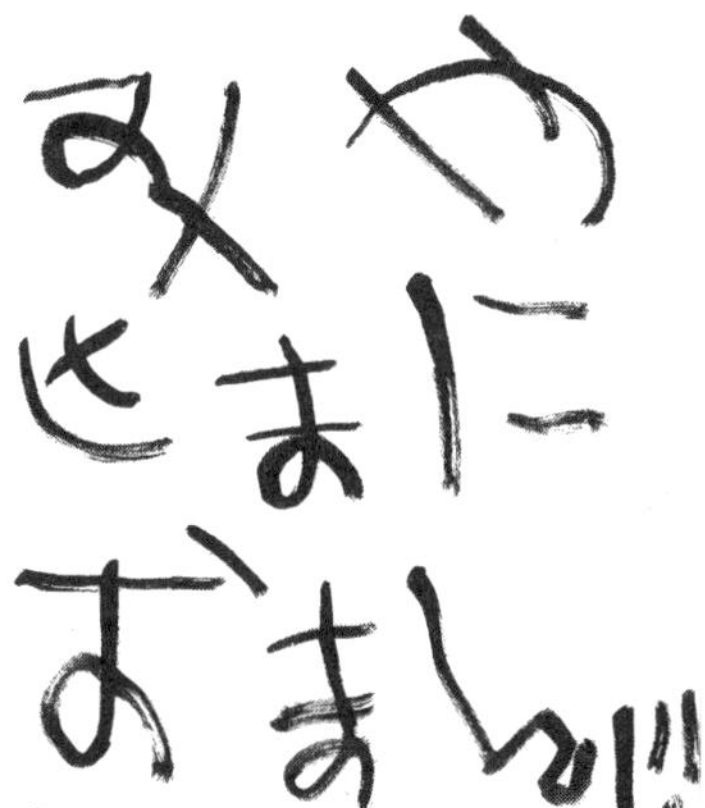

鴨川河原を走って川端丸太町にもどってきたら、東西南北それぞれの交差点におまわりさんが立っている。

「みやさま、きはるわ」

ひとひは南西角のおまわりさんに近づいていき、通過の時間をたしかめる。ダッシュでうちに戻り、台所の園子さんを呼んで、三人でまた交差点へ。

ほどなく、

「きた、きた」

とひとひ。まず白バイ。「三」と車体に書かれたパトカーの、屋根のランプは赤と青。「三」とはつまり、あと三分で天皇と皇后を乗せた「御料車」が、この場所を通過する、との意味。

「あ、ひみつけーさつや!」

覆面パトカーの「前駆車」には、京都府警と宮内庁の精鋭が乗りこみ、周囲に異変はないか目を光らせている。このときの彼らくらい鋭い、鷹《たか》か鳶《とんび》みたいな人間の目を、ぼくはあまり、ほかの場所でみた記憶がない。

「きたで!　きた!」

「一」のパトカー。つまりあと一分でやってくる。みえた、センチュリー。ただのセンチュリーではない。ボディ、エンジン、内装からナンバープレートまで、すべて「みやさま」仕様の、世に一台しかない特注品だ。

御所を出て丸太町沿を東へ、そうして川端通を南へ右折。つまりこの交差点は、いわば「やりまわし」的なポジション。沿道で、細かく振られる庶民の手が、ゆるやかな、鴨川クラスのウェーブをなす。

センチュリーが曲がってくる。お顔がよくみえるよう、特別にデザインされた後部窓のむこうに、おだやかなほほえみと、ゆったりと振られるてのひらがみえる。

ひとひはじっとみつめている。京都うまれだから、というより、かっこいい車のパレードがみたくてしょうがない。

何ヶ月かに一度、両陛下、あるいは皇太子殿下が川端通を南下し京都駅へむかう。たまたまだろうが、かなりの確率で、その行列に遭遇する。ひとひは「とてもいいもの」として受け止めている。御所一般公開のときにしか買えない、鶴屋吉信の御菓子「御苑の菊」におおはまりし、一昨年、去年と、年に二個ずつたべている。

実家の父、ひとひにとっては「おもしろいおおさかのおじいちゃん」が十一月九日、秋の叙勲で勲章を授かることになった。東京にある「こうきょ」で、おじいちゃんが「みやさま」に会う、ときき、

「わがし、もらえるんちゃうかあ」

とひとひはニヤニヤしていった。

「おとーさん、おじーちゃん、なんじごろ、みやさまにおうてるのん」

「おひるすぎて、三じごろからしいで」

「ふーん。あのね、おもしろいこと、かんがえてんけど」

「なんやな」

「ちょうどそのじかんに、おじいちゃんのけーたいでんわに、でんわしてみたら、どうなる?」

「あほな!」

そんなことしたら、本気で、陛下にむかって「ちょっと失礼しますわ……(電話に出て)ああ? なんの用事や?」とやりかねないのが実家の父なのだ。

夕方、皇居から帰る時間に合わせて、京都駅から品川へ、ぼくひとりでむかった。品川プリンスホテルは、勲章を胸にぶらさげた老人でごった返していた。午前中、ここのホールで受勲の伝達式があったため、ほとんどの受勲者がこの宿に泊まっている。

すれちがい、会釈しあう顔と顔が、ちょっとだけ誇らしげに、また、互いの誇りをたたえ合うようにほほえんでいる。

ホテルの部屋で、モーニング姿の父は、やはり誇りと多少の疲労をにじませながら笑った。陛下からくだされた賞状を、筒ケースからとりだそうとして、指に唾《つば》をつけたところを「おとーさん！　それ、唾あかん！」と瞬時にたしなめられた。

家族で近所の居酒屋に集まった。東京の兄夫婦と甥っ子、弟夫婦、名古屋から弟、京都からぼく、総計七人。二時間たらずのうちに日本酒の一升瓶と四合瓶、焼酎が一本からになった。父は「生きてるあいだに、おかあさんを皇居につれていけたのが、とにかくよかった」と殊勝すぎることをいった。元来、勲章や名誉にはまったく関心はないけれども、ほめてもらうと、とにかく無性にうれしいひとである。

「これ、もろたん」

と母は、僕に白い小箱をさしだす。あけてみると、菊のご紋の菓子包みが三個、整然とならんでいる。

「一個、京都にもってかえり」

ということで、携帯電話こそかけなかったけれども、もくろんだとおり、ひとひは「みやさま」の「わがし」をゲットした。銘は「菊焼残月」。京都から東京へ「都落ち」した「虎屋」の、一見どら焼きに似た御菓子である。

第28回　あのまろかりす

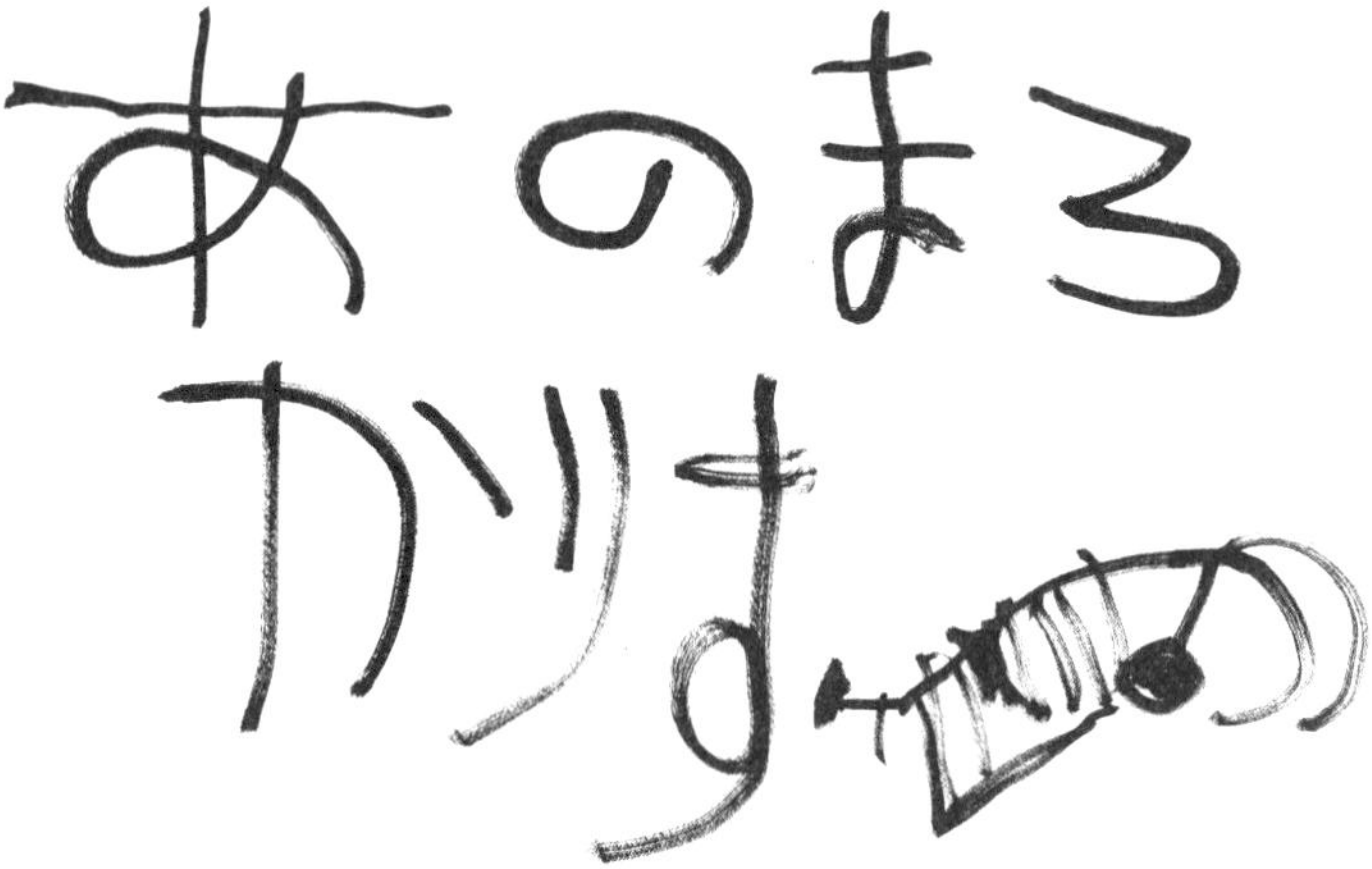

むこうから走ってくる市バスのフロントを一瞥《いちべつ》しただけで、

「あ、いすゞ」

「にっさん、ディーゼルの、あたらしいの」

「うわ、ひのの、めっちゃふるいやつ！」

などとメーカーを見分け、いまもっとも気に入っているミニカーはランチア・デルタ（グループB仕様）という、あいかわらずカーキチぶりを発揮している六歳のひとひが、昨年秋からもうひとつ、乗り物以外にはまりだしたものがある。

化石だ。

はじまりは東京、上野の、科学博物館。近くの寛永寺での法事の帰り、僕とひとひのふたりで、サメかクジラの展示でもみようか、といいながら出かけた。「宇宙のはじまり・ビッグバン」のコーナーに、ひとひはまず、衝撃をうけたみたいだった。

「おとーさん……」

「なんや？」

「ビッグバンがなかったら、イルカも、ラッコも、イヌも、なんも、いいひんのん？」

「うん、そやな。なんも、いいひん」

「ふーん」

と納得顔でうなずき、

「ビッグバンくんて、えらいな！」

つづいて古生代。

カンブリア期における、生命のいわゆる「大爆発」。それまで、この天体上に数十種しかいなかった生物が、突如一万種以上に増えた。現在の動物につながるデザインがこの時機に出尽くしたといわれている。そのうちのスター、世間的に、もっとも形が知られているる「アノマロカリス」の化石、それに、コンピュータグラフィックスの映像をえんえん見つめたあと、ひとひは、まるで小さな風船を口から浮かべるみたいに、

「……カワイイ！」

とつぶやいたのだ。

売店で買ってかえったのは、むろん、アノマロカリスのフィギュアだった（そんなものがあるのだ！）。東京のおばあちゃんにも、オミヤゲに、アノマロカリスのふわふわストラップを買って帰った。その後、図鑑でカンブリア期のことを調べた。アノマロカリスがこの時代最強の生物だったこと、「さんようちゅう」や他の動物をバリバリかみ砕いて食べていたことを知って、ひとひはひどく誇らしげな顔になったが、

「でも、ピッピのアノマロカリスくんは、やさしいよ」

と笑い、毎晩ふとんにいれて一緒に寝た。もうひとりのパートナーはものすごくリアルなドバトのぬいぐるみ「はとしましま」。六歳児と鳩とアノマロカリスが川の字になって寝ている様は相当キテレツだ。

友達の「ゆうくん」は、何年も前から恐竜マニアで、十二月の誕生日に、なにかそういう類いのものを贈ってあげよう、ということになった。三条通アーケードの「クリスタルワールド」の前を通りかかり、ワゴンのなかをのぞくと、おお！「モササウルスの歯」の化石が。しかも二千円と少し。これはプレゼントにぴったりだ。ひとひもいっしょに躍り上がって喜び、そして、

「おとーさん、ピッピ、かせきも、すきになってきた」

といった。

「かせきかあ！　じゃあ、ほんもの、みにいこう！」

さっそく翌週、御所の西側、ＫＢＳのすぐ南にある「益富地学会館」を訪ねた。ウミユリ、サンゴ、アンモナイト。じっと見入るひとひの横顔をうかがうに、石のかたまりに生き物がめりこんでしまっている、という状態がふしぎで、おもしろくてたまらないらしい。

恐竜の卵、恐竜のうんち。水に浮かぶ石、叩くとふしぎな音がする石。ぜんぜん動かないものに、ひとひがこれほど熱中するのはうまれてはじめてのことだ。いや、ひとひにとっ

てしたら、化石は「動かない」どころか、まだ動いている、活動している真っ最中の状態に、感知されるのかもしれない。この地球という石のかたまりが、とまっているようでいて、時速一七〇〇キロのスピードでまわりつづけているのと同じように。

同じ日の午後、「はしご、はしご」と歌いながら、「京都大学総合博物館」にでかけた。毎土曜日に、エントランスホールで「こども博物館」なる催しがひらかれている。生物、鉱物、考古学など、専門のちがう若い研究者がブースにわかれ、骨格模型や岩石を並べて、クイズをだしたり絵を描いたりしつつ、科学の世界へいざなう。

「お、いいのもってるじゃん！」

と、声をかけてきたおにいさん。イルカやサメの頭骨がテーブルの上に置かれている。ひとひは手に、愛するアノマロカリスくんを握りしめている。うれしげに差しだすひとひに、おにいさんは、

「あのさ、それのほんものが、ここにあるって、知ってきた？　知らなかった？」

といった。ひとひは目の前にビッグバンくんが飛びだしてきたみたいな顔になった。

「あ、知らなかった？　じゃ、おいで。すぐそこにあるから」

おにいさんは早足で展示室へ。ひとひは電磁石がはりついたみたいにあとを追う。はいってすぐの、いちばん目立つガラスケース。その上段にアノマロカリスくんの化石が展示さ

れていた。ひとひは、自分のアノマロカリスをそちらへもちあげ、

「おーい、おーい、ひさしぶりー！」

といった。化石も手を振ってみえた。五億五千万年ぶりの再会だ。

「この博物館の、前の館長が、カンブリア大爆発の専門家だったんで」

とおにいさんは僕に話しかけ、そしてひとひをふりむき、

「ほら、最初発見されたのは、アノマロカリスの、あの触手だけだったの。なんか、エビのしっぽに似てるっしょ。だからさ、アノマロカリスの『アノマロ』って、へんな、って意味でね。『カリス』は、エビ、の意味。アノマロカリスって、つまり、へんなエビ、って名前なんだよ」

博物館の売店で、ひとひに拝み倒され、アノマロカリスの主食だった、三葉虫のちいさな化石を買った。やはり、ひさしぶりー、と互いを挨拶させてから、

「おとーさん、このアノマロカリスくんは、さんようちゅうくん、たべへんで。おともだちなんやで」

「ああ、そやろな。わかってるよ」

「な、おとーさん！」

ひとひは三葉虫のひだひだを見つめながらいった。

「ぴっぴ、すきなん、まず『かせき』。それから、バスとか、でんしゃとか、のりものになったん」

「そらあ、すごいなあ」

そしてクリスマスの朝。ひとひの用意したワイン、チーズ、生ハムのかわりにサンタクロースが残していった贈り物は、つぎのとおり。

海上自衛隊のヘリコプターS61Aシーキングの大型模型。

図鑑「大むかしの生物」。

「カンブリア生物・ミニモデルセット」。アノマロカリス二体、オパビニア、ハルキゲニア、マルレラ、カナダスピス、オレノイデス、ウィワクシア、ピカイア、の全九体。

第29回　きのくん

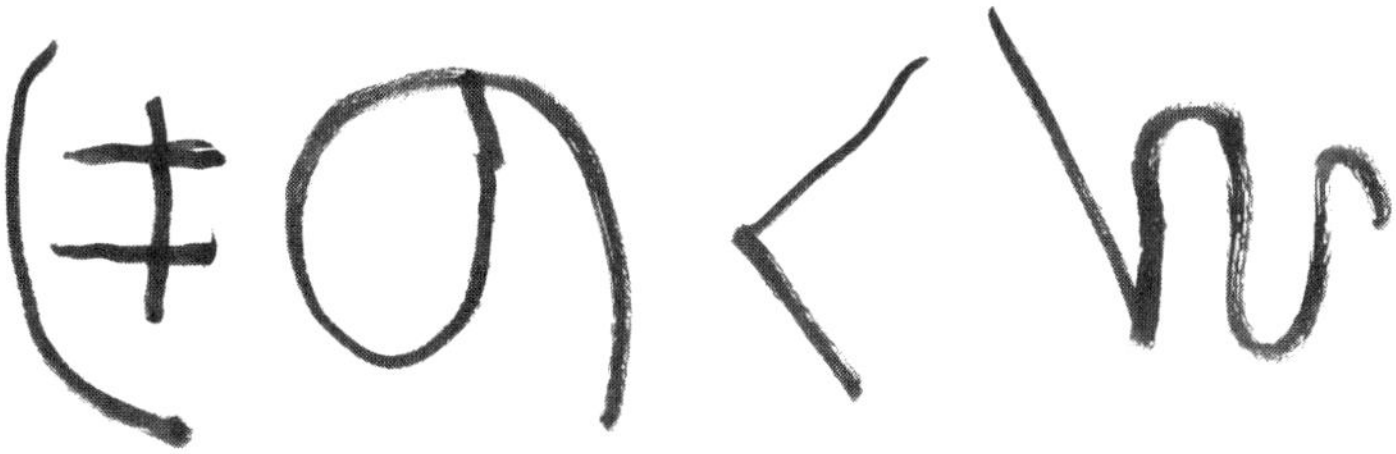

城崎温泉は五年ぶりだ。

前回も、雪が降っていた。降っていたどころか、前夜の豪雪で、特急きのさきは運休。東京の兄夫婦、大阪の母、うちの一家は京都に集まり、出発を一日遅らせ、暖かい中華料理でも食べようか、ということになった。ところが、実家にいるはずの父とはなかなか連絡がつかない。ようやっと携帯電話に出た父は、大阪駅のプラットホームにいた。

「おとーさん、なにしてるんですか?」

と園子さん。電話のむこうで、

「『普通』は、動いとるぞっ!」

と父。背景に列車の音、ざわめき、駅員さんのアナウンス。ちょっと置いて、

「……ふー、とりあえず乗ったわ」

「え、なにに?」

「行けるとこまで行ってみる!」

「おとーさん、おとーさん、って! あ、切れてる」

あとできけば、普通列車で、雪中を四時間かけて城崎温泉についた父は、広い旅館、温泉場を、本場のマツバガニを、たったひとりでこころゆくまで満喫したそうな。

今回は、去年から今年にかけ、受勲騒ぎとノロウィルスに疲れ切った父と母、そして、

もうじき小学校にあがり、平日の旅行などできなくなってしまうひとひと僕たち夫婦、合計五人の旅だ。京都駅を出発した僕たちは、福知山で、両親が大阪駅から乗っている特急「こうのとりに」に乗り換え、車中で合流する、というてはず。

ところが、京都駅の31番線で、行き先表示板をみあげた園子さんは、

「え、あ！ しまった！ 9時52分じゃなかった！ 9時25分だった！ ごめん、ほんとーに、ごめん！」

典型的な、数字の記憶違い。両親には先に行っておいてもらい、僕たちは、10時25分発の特急に乗り、一時間遅れで城崎にはいることになった。うちの一家は、電車をめぐるトラブルを経ないと、城崎にはたどり着けないのかもしれない。

到着し、駅前で合流してすぐ、逗留先の「山本屋」さんにむかう。ここのご主人、高宮さんは僕の会社時代の四つ上の先輩で、就職活動の意味すらわきまえていなかった僕を採用してくれた恩人でもある。二十二年前に会社をやめ、城崎に引っ越し、奥さんの実家である山本屋さんで働くようになった。柄の選べる浴衣、外湯めぐりのICシステムなど、あたらしい提案をつぎつぎと実現させ、いまは温泉協会の理事長をつとめている。

「ひとひくん、おーきなったなあ！」

高宮さんがいうと、ひとひはフェー、フェー、と照れて動物の鳴き真似をする。前は一

歳とちょいだった。よてよて、よてよて、二本足で進んでは、どて、と前のめりに倒れていた。いまは片足で、階段をぴょんぴょん一段ずつはねあがっていく。

とはいえ外に出ると、温泉街の町並み、風情は、なんにも変わっていなかった。カラコロ、カラコロ、と下駄の音がひびく。いうまでもなく、城崎温泉は外湯めぐりが名物。七つの、それぞれちがった情緒の浴場を、気まぐれにめぐっていく。柳並木の根元に、雪かきで集められた白いかたまりが溶け残っている。下駄の音が、がらん、ごろっ、かかか、ごろっ、と少々不安定なのは、ここ数年城崎温泉を訪れる外国人が飛躍的に増えているから。山本屋さんでも、泊まっている日本人は僕たちだけ。あとは、春節、ということもあって、全員が中国からの旅行者。がらん、ごろっ、かかか、ごろっ、ごろろっ！

外湯の温泉はどこも熱かった。全国から集まってくる温泉マニアのためか。温泉好きのひとは、お湯が熱すぎることについて、ほとんど文句をいわない。熱けりゃ熱いだけ、意地になって、口をきっと結んで肩までつかる、みたいなところがある。逆に、お湯がぬるいと、口をとんがらかして非難する。飲んべえが、薄すぎる水割りをけなすのと似た心理かもしれない。

ひとひは「御所の湯」の、ぬるめの露天風呂ならＯＫだった。もっといえば、「地蔵の湯」に設置された「こども風呂」でいちばんのんびりしていた。京都生まれの子はぬるま湯がしてていた。

好きなのだ。江戸っこ、かつ温泉好きの園子さんは、「さとの湯」の足湯に足首まで浸しながら、「もうちょっと熱くてもいいのに」「ふつうに温泉はいりたくなっちゃう」とこぼしていた。

城崎で驚いたのは、水族館、マリンワールドの充実ぶりだ。前にいったときは、なんだか薄暗く、陰気な感じで、飼われている動物たちの顔も、なんだか不気味にみえたものだったが、曇りの日に訪れたにもかかわらず、今回のマリンワールドはきらきらしていた。エイ、イワシ、コバンザメら、とりどりの魚が群舞する大水槽は、そのまま日本海につながっているみたいに豪勢に波打っていた。

ショーに登場する飼育員、さらにイルカ、アシカ、セイウチたちの表情は、ルーティン仕事を適当にこなすもののそれでなく、いま目の前にいるお客さんを、可能なかぎり楽しませようという、エンタメ的な気概にみちみちていた。

浅い海水プールで、ナマコにウニに、魚たちに触れるし、メジナやアジに、オキアミの餌やりもできる。オキアミをつまんでちょっと水面に浸すと、ばしゃばしゃばしゃ、しぶきをあげて魚が集まってくる。ひとひをふくめたこどもたちばかりでなく、園子さんらおとなももう夢中だ。

「アシカにサインを出そう」なるツアーに、ひとひひとふたりで参加した。定員二十人。相手をしてくれるのはアシカの「トイ」くん。

まず、なにかを摘まむみたいに手指をすぼめて、自分のほっぺたにくっつけ、「にっ」と笑う。するとトイくん、アシカの顔でほんとうに「にっ」と笑みを浮かべる。背筋をのばし、てのひらをさっと額にくっつけるや、トイくんも右の前脚を掲げ、みごとな「けいれい」をみせてくれる。

圧巻は「オイデ」と呼ばれるサイン。長細いシートの、いっぽうの端にひとひ、もういっぽうの端にトイくん。ひとひが、餌のはいった青バケツを軽く左右に降り、そうして脇へ置いてから、がばっと手をひろげ、

「オイデー!」

大声で叫ぶ。

トイくん、一度うなずき、勢いをつけて、シートの上を、つつー、つつー、つつーっ、と滑ってくる。そうしてひとひの胸に飛びこむと、冬の寒さにバラ色に染まった頬に、軽くチュッとキスをした。

僕たちが訪れた日がこのツアーの初日。この回が初回。そのひとり目がひとひ、ということはつまり、アシカのトイくんにとっても人間のひとひにとっても、これがファーストキッス。おめでとう城崎温泉。お祝いにひとひはおじいちゃんとおばあちゃんに、セイウ

チのフィギュアを買ってもらった。

京都の家に帰ってからも、城崎、をとって「キノくん」と名付けたそのセイウチと、ひとひはともに、ぬるめのお湯につかり、湯たんぽでぬくぬくと膨らました布団におさまっている。

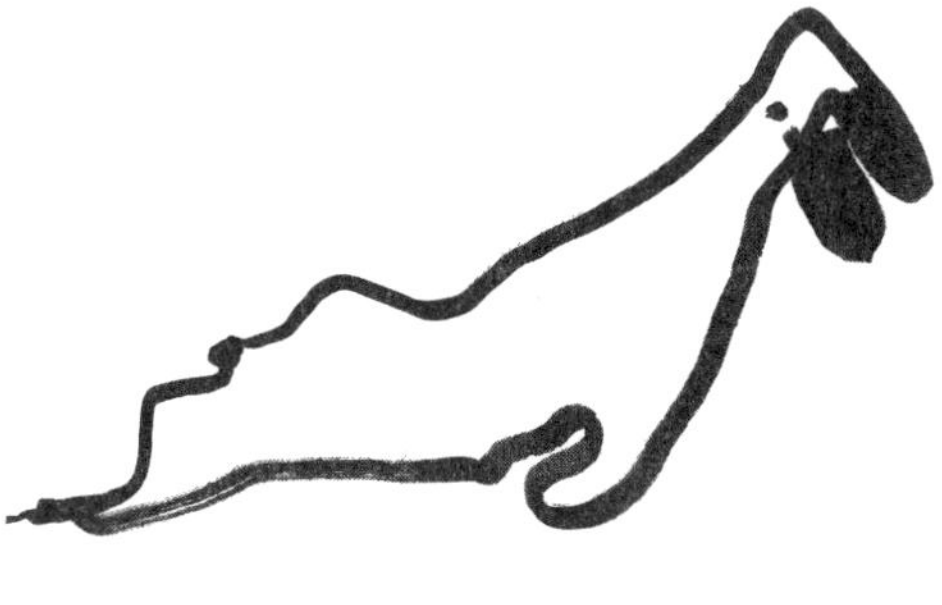

第30回　わがし

五歳の誕生日パーティのさなか、同い年の友達、そのおとーさんおかーさんと大騒ぎしている居間から台所にやってきたひとひは、ケーキ用のローソクを準備している園子さんにむかい、

「あのねえ、おかあさん、ちょっと、おねがいがあんねんけど」

といった。

「いいわよ、ぴっぴ！　ぴっぴのおたんじょうびなんだから！」

園子さんはいった。

ひとひはほっと息をついて、

「じゃあねえ、ぴっぴ、ケーキ、たべなくってもいい？」

自家製ケーキの焼き上がりを待ちかまえていた園子さんの目は、一瞬、金槌《かなづち》で横殴りにされたみたいにモーローとなった。が、なんとか気を取り直し、

「そ、そうか。じゃあ、ぴっぴ、なにがたべたいのかな」

ひとひはにやり、と微笑むと勢いをつけ、

「わ、が、し！」

と叫んだのである。

もともと、渋いものが好きだった。僕が酒飲みなので、結婚した当初から、園子さんの

手料理が、もともとアテ系に流れがちだったこともあるだろう。魚は、三浦半島の三崎から、宇宙一の魚屋まるいちの美智世さんの手で、よりすぐりのものが直送される。二歳のころからすっぽん食堂ツバクロから子供用Tシャツを作ってもらえるほどの常連である。

いちばん好きなのは、ときくと、

「やまがたの、たまこんにゃくと、おふ!」

とこたえる。

去年、回転寿司屋での第一声が、

「えーと、ふぐ、ありますかあ? あったらあ、ちいさくにぎってえ、あかい、からいやつ、つけんとってください」

だった。

おおきに屋さんで粕汁《かすじる》を出され「これは、お酒がおいしさはよくわかるけど、よっぱらわへんから、こどももだいじょうぶ」と説明してやると、ひと口すすり、

「おとーさん、ずるいわ。こんなん、まいにちひとりで……」

とつぶやくや一気にかっこんでしまった。

といって甘いもの、洋菓子を拒絶しているわけじゃない。世のおっちゃんらは、いま子どもたちのあいだでどれほど豊かな「グミ文化」がひろがっているか、想像したこともな

いだろう。コンビニで一度しゃがんでみるとよい。ガムより、キャンディーより、いまお菓子コーナーで幅をきかせているのは、ほかならぬグミだ。いつからそうなっているのか見当もつかない。グミってこんなに可能性を秘めていたのか、とその多様さにびっくりする。ひとひはまだガムはかまないしコーラは飲まないがもうずっとグミに夢中だ。

京都市動物園の北側に、園子さんの愛する菓子・茶房ｃｈｅｋａ《チェカ》がある。ここの名物はシュークリームで、注文をきいてから、シュー皮のなかにクリームをぱんぱんに注入してくれたものを、その場で食べられる。ひとひもこのお菓子が大好きだったのだが、こないだ動物園の帰りに寄ったら、

「すんませーん。シュークリームの、クリームぬきで、おねがいしますぅ」

と、驚愕の注文をした。

「いや、ちょっとくらいいれてもろたら？　半分くらい、みたいなリクエストもたぶんできるで」

と諭したのだが、かたくなに拒み、ベンチでシュー皮だけをかじりつつ、

「アー、やっぱり、これにしといてよかったわー」

と満ち足りた顔を輝かせていた。

僕がお茶をかじっていたこと、一保堂さんとつきあいがあることなどから、たしかに、

和菓子がうちのなかにはいってきやすい環境ではあったかもしれない。鴨川河原での野球や、御所でのBMX遊びのあと、

「おやつ、なにがええ」

ときくや、最後までいわせず、

「わがし！」

と即答する。

いちばんのお気に入りは、木屋町三条下ル「月餅屋」のお干菓子。「りゅうすい」「まつば」「てふてふ」「まつ」など、銘をすべて暗記している。このお店はわらび餅がたいそうおいしいのだが、あんこ嫌いのひとひは、あわ餅のほうが好み。

寺町御池のアーケードをはいったところの「小松屋」では、麩《ふ》まんじゅう。玉わらび。お店のおねえさんと顔なじみなので、市役所前広場で遊んだあと、その流れのままこちらに向かうことが多い。

岡崎公園で遊んだあとは、二条通の「よもぎ双鳩堂二条店」で、「はと餅」を。これはあんこがはいっていないため、たいそう好みで、おなかがすいていたら二個たべてしまう。

京都の和菓子屋さんは「おまんやさん」と「おもちやさん」に分けられるが、ひとひが好きなのは圧倒的に後者だ。

「たまこんにゃく」といい、「おふ」といい、やわらかない、くにゅくにゅしたものを好む傾向があり、味というよりまだ食感で選んでいるのかも、とおもったりする。が、ここ最近、いちばん食いつきがよかった「くにゅくにゅしたもの」は、お正月にホホホ座三条大橋店のイベントで出た、ツバクロの「すっぽんだしのお雑煮」だったのをおもいだした。つきたてのおもちとすっぽん団子、すっぽんコラーゲンが、絶妙のバランスで浮かぶあのお椀を、ひとひはひとりで四杯おかわりしたのだった。

第31回　きりしたんくま

幼稚園のいわゆる年中、年長の時期、ひとひは片道二時間をかけ、西宮の「ようじせいかつだん」に通っていた。「せいかつだん」は週に二度、しかもひとひが乗り物好きだから、なんとか二年間通いつづけた。

「ようじせいかつだん」は、全国に点在する自由学園の幼児教育施設で、僕も四十五年前、大阪南部の「せいかつだん」にかよっていた。京都にも「せいかつだん」はあるのだけれど、人数がそろわないので、年少の「四さいじグループ」までしかない。うちからのルートを考えると、京都駅からＪＲの乗り継ぎだけでいける西宮がいちばん便利だった。だからひとひの「きんじょ」は、ふつうの京都の六歳児とはちがい、大阪をこえて神戸のこちら側くらいまでひろがっている。

この四月から、小学校にあがる。丸太町通を東へひたすらまっすぐ。うちから歩いて十数分のところ。家の前をつぎつぎと、色とりどりのランドセルをしょったこどもたちが通りすぎていく。

僕は小学校に、おそろしい思い出ばかり持っている。ちょうどその頃、教育環境自体がバカ荒れしていたこともある。ランドセルをしょって教室にはいった初日、最前列で、男の子ふたりがガアガア声でしゃべっている。僕はそのとき机にあぐらをかいて座る人間をテレビ以外ではじめてみた。ふたりは顔をしかめ、老人みたいに喉の奥で笑いながら、

「でなあ、うちのおばはんがやあ」

「おう、きのうもおばはん、無茶ばっかしいいよんねん。ほーんま、かなんわあ」

「おばはんのパンツ、くらげみたいに、ガバガバなんやんか！　かがっはっは」

この「おばはん」て……このひとら、ひょっとして「おかあさん」のことを、「おばはん」とか呼んではる！

三年間「せいかつだん」に守られて育った僕と、大阪ディープサウスの野良餓鬼と、ことば、考えから、服装、習慣まで、なにからなにまでちがっていた。「ずがこうさく」のとき、グループのひとりに、

「ごめん、ちょっとその、おのり取って」

と声をかけると、僕以外の全員から、

「おのり！　おのりやて！　こいつ、どんなぼんの口がしゃべってんねん！　ぼく、な、おはさみ、つかうか。な、おパンツ、ぬがせたろか？」

などと、徹底的にからかわれた。

一年の担任は、おとなしい、地味なおんなの先生だった。二年になって、児童教育の理想に燃えた、というか、ガソリンをまき散らしてこどもを焼き殺さんばかりの、三白眼《さんぱくがん》の若いめがね男にかわった。たぶん三日に一度は、スリッパで耳の横をぶんなぐられた。

なにか、大きな流れみたいなものに乗っかって泳ぐおとな、それをまわりに強要しようとするおとなが、「せいかつだん」の頃から大嫌いだった。「あんたら、自分の口でしゃべってへん。教科書よみあげる、テープレコーダーや」と公言し、めがね男たちに渡す日記帳にもそれを書いた。「こどもを、自分らにしたがうにんぎょうに、つくりかえようとしてる」と。六歳で、二十歳年上のひとびとの、底を見抜いたようなことをつぶやきながら、おとなでしかないおとなたちを軽蔑していた。「おとなに、こどものなにがわかんねん」と、心底おもっていた。「あいつら、もう、ただのカスやないか」

初日、ひとひは、小学校からかえってくるや、

「たんのしかったわ〜」

そう叫んだ。そして、担任の先生がはさみの達人であること、トイレのべんきょうをしようとしたら二組のみんなが先にはいっていて、まってるあいだ紙芝居をよんだこと（ひとひは一組です）、熊野神社までこどもたちを引率した「おっちゃんのせんせい」が、「ルート6」と書かれたうちわを、ときどき持たせてくれたことなどを、興奮してまくしたてた。

ひと学年百人余りの京都の小学校と、西宮の「せいかつだん」とは、心配していたほどのギャップをもっていなかった。あるいはひとひ自身で、ギャップを軽々と飛びこえた、ということかもしれない。

しきりにいっていたのは、「あんなにおおぜい、いてるんねんで」「いっぱい、いっぱい、あそべるやんなあ」（せいかつだんではこどもは九名だった）。

同じ幼稚園時代をすごした相手がひとりもなく、知り合いが誰もいないかとおもっていたら、ふたつ前の席に、スイミングでずっと一緒の女の子がいた。隣には、しょっちゅう買いにいく、パン屋さんの子。ななめ前には京都でいちばん好きなお漬け物屋さんの子が座っている。なんのことはない、小学校に通う子らは、みんな「きんじょ」で育つのだ。

じつは校長先生とひとひは、前年の十月からつきあいがあった。

この連載にも書いたように、ひと冬、ひとひと僕は毎朝三キロほどのランニングをつづけた。いろんなコースを走るのだが、そのうちのひとつに「しょうがっこうコース」があった。四月から通うことになる小学校まで走り、その外周をぐるりと一周してから、岡崎方面にむかう。

小学校の正門の近くに、すらっとした女性がいつもいて、「おはよう！　亀田くん！」「おはよう！　茨木さん！」と、元気よく声をかけている。校長先生だ。ある朝ひとひは立ち止まり、みずから先生のほうに歩みよって、

「あのう、こんど、ここのがっこうに、くるん」

といった。すると先生が腰をかがめ、

「あ、そうなの！　たのしみだなあ」

そういってからピンと背を伸ばし、

「じゃあ、おなまえを、いってください！」

「いしい、ひとひ、です！」

「わかった！　いしいくん、しがつに、がっこうのみんなでまっています。げんきに、きてくださいね！」

「はい！　わかった！」

おもえばこの日から、就学前だったひとひは、もうすでに小学校の一員になっていた。校長先生の存在が、ギャップの上にかかる、ゆるぎのない橋になってくれていたのだ。

第32回　きんりんしょうがっこう

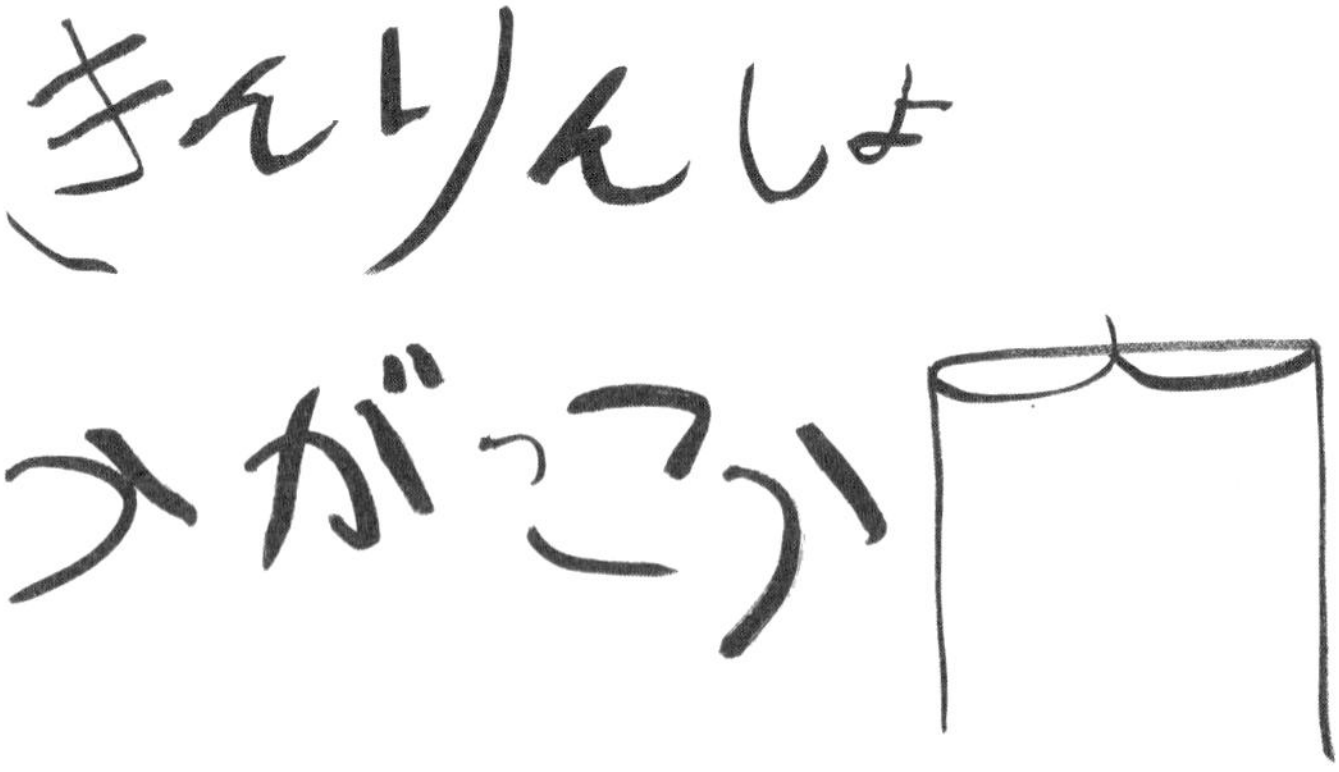

ずいぶん間があいてしまった。四月に小学校にあがったひとひが、その後、「もう、がっこうなんかチャイや！　チャチャイのチャイや！　いかへん！」と叫び、一家、近所じゅう大わらわになってしまった、か、というとそうでもなく、たまに荷物が重そうだが、基本、まあまあ楽しそうに、歩いて十数分の「きんりんしょうがっこう」に毎日かよっている。

一ねん一くみ、三ばん。いしいひとひ。

四月、五月、六月と、いまの小学校がいかに、子どもたちが学校生活をポジティブに、楽しみに、いやにならへんように工夫しているか、日々目の当たりにさせられ、瞠目《どうもく》してきた。

入学当初は「がっこうたんけん」なる授業があったし、「ずがこうさく」で動物の絵を描くため、徒歩五分のところにある京都市動物園にでかけている。六年から一年まで学年を縦断する「なかよしチーム」みたいなのがある。校長室の前の水槽にガーがいる。生きた化石といわれる珍魚だ。教室には冷暖房が完備されている。先生たちがみな関西弁で子どもたちとボケあいツッコミあっている。

きのうの給食は、減量ごはん、カレーうどん、ほうれんそうとじゃこのいためもの、みかん、牛乳。

本日は、麦ごはん、豚肉しょうがいため、伏見とうがらしのおかか煮、かきたま汁、牛乳。

明日は、玄米ごはん、ハッシュドビーフ、ジャーマンポテト、牛乳。

どっか洒落《しゃれ》た商社の、意識高い系ＯＬさんがとらはる、自然派レストランの日替わり定食でんな。こら「ひまんじ」はではらへん。「けっしょくじどう」も死語でんな。小学校一年から糖質コントロールされたあるて、なあ、あんたら、三百歳まで生きたかて、んなおもろいことそうそうおへんで。

火曜日の朝、始業の前の十分間、八時四十分から五十分までは、「おはなし」の時間。読書好きのおかあさんがたによるボランティア団体「おはなしパレット」の面々が、各クラスにひとりずつ出向き、絵本を読んできかせる。こどもたちはけっこう熱心にきいている。たぶん、合計三十名くらいいるメンバーのなかで、唯一の男性がもちろん、この僕である。

園子さんに「やってみたら」といわれ、最初は、ひとひの通う小学校に足を踏み入れ、こんなのかあ、とキョトキョト不審者みたいに視線をめぐらす興味が先だったのが、しばらく経つうち、子どもらの視線や歓声に、はっと気づかされることがあった。絵本でも読み物でもなんでも、おっさんが読んだほうがもりあがるものは、まちがいなくあるのだ。

たとえば、空飛ぶネズミの冒険旅行を描いた『リンドバーグ』。僕はとちゅう、何度も涙ぐみそうになる。ネズミが目的地を眼下にみおろすとき、読みながら、胸はグンカンドリのように膨らんでいる。

『エルマーのぼうけん』。

『チムとゆうかんなせんちょうさん』。

中川李枝子のシリーズ『かえるのエルタ』『らいおんみどりの日ようび』『たんたのたんてい』。

僕自身、小学生のころ、文字通りごはんなんぞどうでもよい気持ちで読みふけった本たちだから、なにかその芯《しん》が伝わる、と、多分にそれもあるだろう。本読みの小学生、いうことでは、当時もいまも、そんじょそこらの誰にも負けない自信がある。

学校へは「おはなしパレット」で行く以外に、放課後にスイミングのある日はひとひを迎えにいき、ギリギリ水泳教室に飛びこむ。土砂降りの日に長靴をもっていったり、体育館で親子そろって同じお芝居をみたり、野球部の体験入団だったり、なんやかやでしょっちゅう小学校に顔をだす。すると、やはり「ごきんじょ」の、お漬け物屋さん、クリーニング屋さん、パン屋さん、知った顔のおかあさんおとうさんに出くわし、互いの子らについて手短な世間話をかわす。学校の外ですれ違えば、ちょっと照れた表情で会釈したり。

小学生をやっていた頃は知らなかった。小学校は、子どもを通じ、親同士も、あらたなしかたで束ねるのだ。

おとつい京都は虫がボーボー燃えていた。ムシアツイの極みだった。五時間目が終わったあと、三時前、正門前でひとひを待っていた。三時半から出町柳のヘミングで水泳教室がはじまるのだ。

ひとひが出てくるのが、ふだんより遅かった。もう三時を十分も過ぎている。隣に副担任の先生が付き添っている。

「おとうさん、すんません」と副担任の先生はいった。「ひとひくん、きょうの一時間目と二時間目、体育のプール、はいられへんかったんです」

「え!」僕は驚いた。「どっかしんどかったんですか?」

「いえ」と先生はいいにくそうに「健康チェックカードに、おうちのハンコが押されてなかったんで……」

「あ!」僕は凍りついた。ひとひはなんでもない顔を装って僕を見あげている。今朝、チェックカードの空欄を、ひとつひとつ埋めていった。咳、してない。朝ごはん、ちゃんと食べた。体温は三十六度六分。最後にトイレもまにあった。完璧。なのに、僕がハンコを押し忘れていた。これまで毎回園子さんがこのカードを書いていたのだが、ゆうべから園子さんは東京の実家に戻っていた。

並んで、バス停にむかって歩きながら「暑かったのに、ごめんな、ぴっぴ、ほんま、悪かった」と僕はくりかえした。

「ええで」とひとひはいった。「そのあいだプールのよこの、ふだんはいられへんところで、ずーっときゅうけいできたし」

ハンコいっこ押してへんだけで、こんなど暑い日の、一時間目二時間目ずっと、プールはいらせへんことないやろ！

しかも俺、ちょうどその時間、おはなしパレットで四年の教室にいてたやん！

いろんな思いが胸に渦巻いたが、どれも、ひとこともひとひにはきかせたらあかん、とおもった。とにかく僕はしくじった。ひとひはそれを許してくれた。僕は二度としくじってはならない。

いしいひとひ、一年一組、三番。その同じ「きんりんしょうがっこう」で、僕は、小学校のおとうさん一年生をはじめ、もうじき一学期が終わろうとしている。

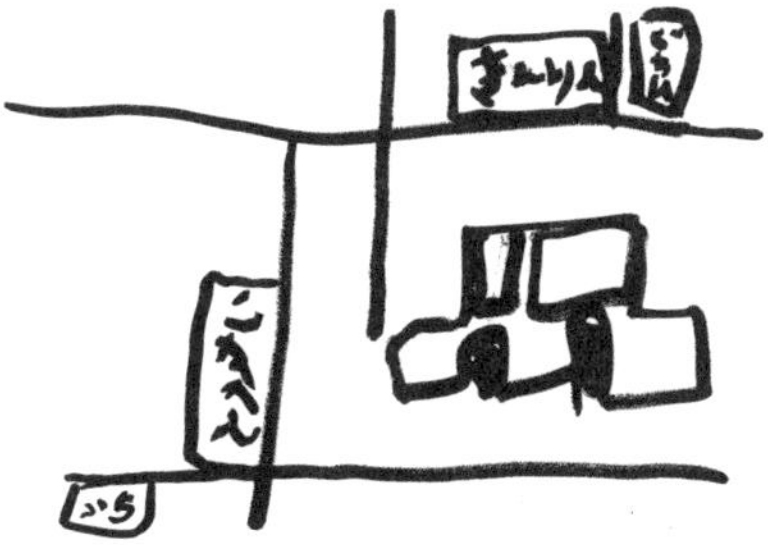

第33回　なつやすみ

なつやすみ

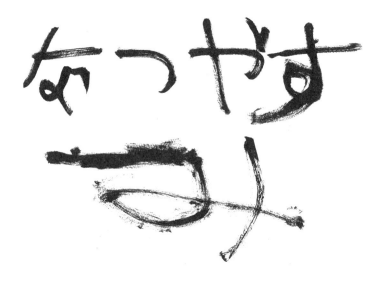

夏休み。楽しかったこと。

ひとひが学校に出した「えにっき」にすべてあらわれている。

「8がつ1にち　おとうさんがしごとをがんばったので、バリとうにいきました。バリ・ばーどぱーくというところにいきました。とりがいっぱいいる、どうぶつえんです。ぼくはここがとてもすきになりました。えは、オオハシかオオサイチョウが、ぼくのあたまにのっているところです」

写していて、小学校にかよったたった三ヶ月のうちに、自分の手でまっすぐに、句点や読点も交えて、こんな筋の通った文章を書けるようになったことに驚いた、のはさておきバリ島。リゾートホテルのグループ「ほしのや」が今年のはじめ、はじめて海外に宿をつくった。それが「ほしのや　BALI」。ここに三日間滞在し、バリについての短編を一本書けば、その間の宿泊費、航空運賃もタダにします、というすばらしいオファーがあり、園子さんとひとひもいっしょに出かけることにした（ふたりの分はもちろん自腹）。ひとひにとったら初めての海外だ。

パスポート取得から大興奮。もうひとつ、ぜったいにもっていきたいものがあり、それはこれまでに貯めた図書カードで買った、ポケット版の『鳥類図鑑』だ。

乗り物、レコード、古代生物、アポロと、いろんなものにはまってきたひとひだが、いまキているのが「鳥」だ。どこへいくにも図鑑を携え、時間があればどこでも開き、「な、おとーさん、すきなとりいうて。ぴっぴが、せつめいしたるから」

鴨川や御苑でムクドリやシギ、トンビを観察。シラサギは、じつは「クロサギのしろいやつ」なんやと知ったときは、親子で異様に盛りあがり、「サギすごいなあ」と感心しあった。

インドネシアは野鳥の宝庫。が、まさか泊まっている宿から二十分ほどのところに「バリ・バードパーク」があるとは、現地にいくまで知らなかった。入場料を払って敷地にはいるや、ひとひも僕も、犬が立ってしゃべりだした、みたいな顔で突っ立っている。僕の頭くらいの高さの止まり木に、鳥界のスーパースター、ベニコンゴウインコが、オオサイチョウが、キバタンが、何食わぬ顔でとまりきゅろきゅろ啼いている。常連客が腕を差し出すと、コンゴウインコは、ひょい、と飛びうつる。足輪も紐も鎖もなにもない。水族館のイルカみたいに訓練された極彩色の鳥たちは、ここめざしやってきた鳥好きを、つぎつぎと一撃でノックアウトしていく。ひとひは笑いながら芝生に倒れている。

ひとひの肩にキバタンが乗る。オオハシにオオサイチョウ、コンゴウインコが乗る。がさがさと揺れた茂みから、モモイロペリカンの隊列があらわれ、沼までの小径を行進していく。

鳥好きになった途端にこんな場所に来られる僥倖。いや、この場所に来ることを感知してあらかじめ鳥好きになったのか。地球は小さいと思う。コンゴウインコの編隊が自在に飛びかうあの空で世界はつながっている。

「えにっき」の二枚目は「バリ・ズー」（宿題の「えにっき」は一日分だけでＯＫだが、ひとひには書くことがたくさんあった）。

「バリとうで、ばり・ずー、というところにいきました。そこで、ぞうにのりました。ぐらんぐらんゆれて、おもしろかったです。ぼくたちをのせてくれたぞうは、エレナちゃんというなまえです。おりたところのポニーにものりたいな、とおもいました。ポニーはだれも、のせてもらってなかったです」

背中に乗ると、ゾウという乗り物は、安定しているなあ、とおもった。むろん訓練をうけているんだろうが、背中に四人、都合二〇〇キロほどの荷重をうけて、こののんびりさは普通ありえない。ゾウの足の裏に触ったことがあるが、堅いようで、けっこうふわっとやわらかだ。大玉のスイカに片足をかけ、ぐりぐりっ、ぐりぐりっ、と押して、パッカンきれいに四等分に割ることもできる。重み、バランスということに、たいへん敏感な動物なのだ。

三枚目は一気に、日本へ飛ぶ。

「みやこじまで、うみがめをみました。それから、うまにのりました。みやこうま、というしゅるいです。うまのなまえは、てぃーだくん、といいます。てぃーだは、おきなわのことばで、たいようのことです」

なんだか動物にばかり乗っている。宮古島には毎年いっていて、今年はバリ行くからええやん、と話したら、ぜったいのぜったい、みやこにもいく、とひとひは断言し、出発の前日までに、さんすうやこくごの宿題にすべて片をつけた。やるときはやる。そして宮古馬に乗る。てぃーだくんも四年連続だ。

八月はとにかく外へ出まくった。小学校がはじまるまでの二十三日間で、京都の自宅で過ごしたのがたった四日、というすさまじさだった。

夏休み最終日、念願の京都花月へ。赤ん坊のころから大好きな、ザ・ぼんちが登場。若手もおもろいが、やはり空前絶後のトップをとった「おさむちゃん」は、いつみてもすごいな、と実感する。六十こえてあのテンション。からだじゅうの穴という穴からあらゆるものがほとばしりでてる。

新喜劇の座長はすっちーだった。めでたしめでたし、で芝居が終わったあと、すっちーはくじの箱を手探りし、「じゃ、舞台でいっしょにズッコケてくれるひと、番号と名前呼ぶね……えーと、『く、の16ばん』、いしいひとひくん」

最初からわかってたみたいな余裕の笑みを浮かべて一年生はステージへ。若井みどりの「おじゃまでパジャマ」でいっせいにズッコケる。その瞬間、ひとひ一年生の夏休みが終わった。「えにっき」と、クーピーとスケッチブックで作った「いしいひとひ　なつやすみ　ちょうるいずかん」、それに、おぼえきれないほどの思い出があとに残った。

第34回　ベツレヘムのうまや

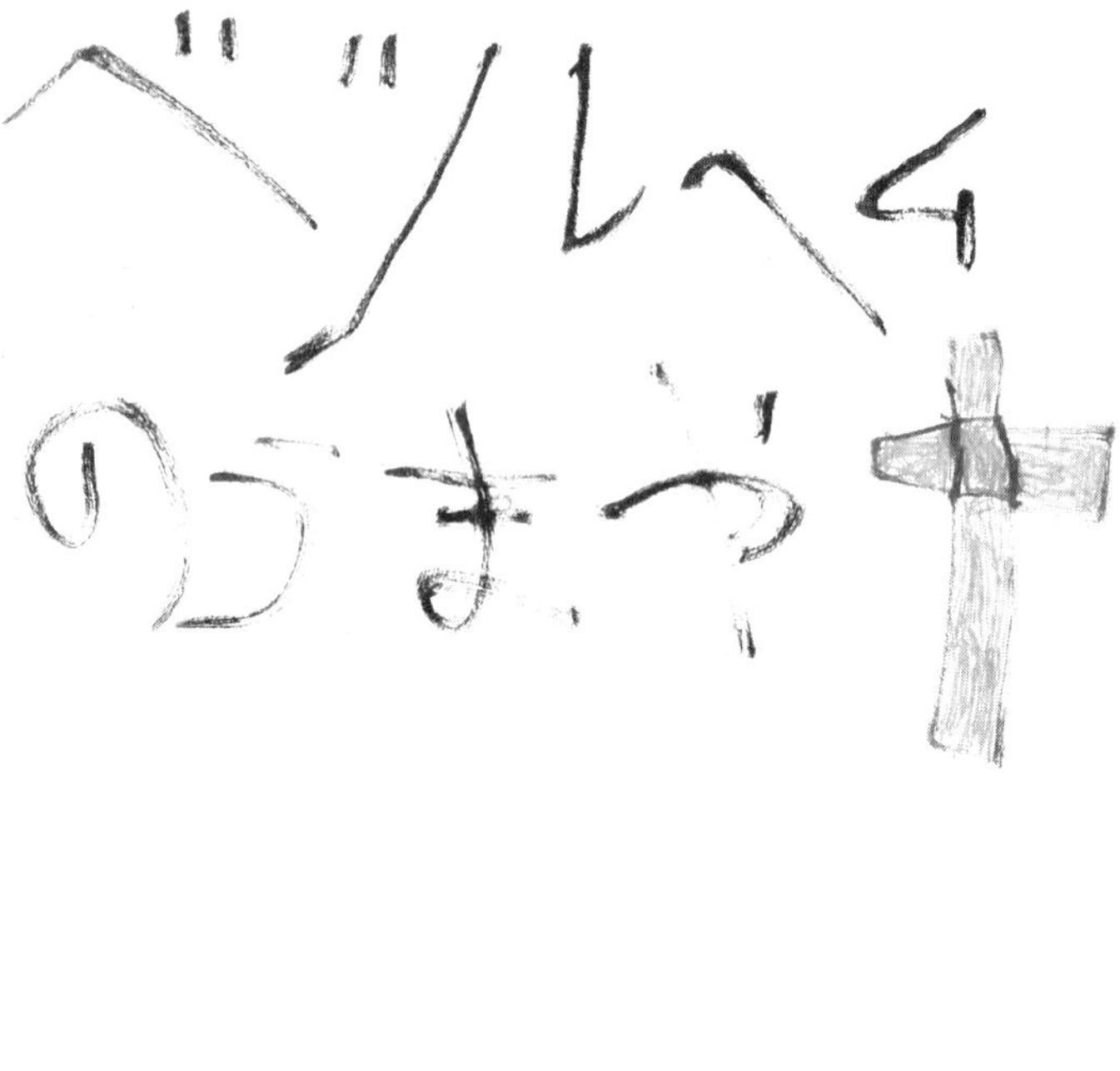

二〇一七年のクリスマスは、ひっそりと、にぎやかで、厳《おごそ》かかつ華やか、音楽と沈黙につつまれた、うまれてこのかたを振りかえっても、あまり記憶にない時間となった。だいたいずっと、そこに、「うた」が響いていた。

表面上のはじまりは、同じ年、二〇一七年の春にさかのぼる。三月二九日、三十日。東京阿佐ヶ谷の聖ペテロ教会。ここで、とある女性のお通夜と告別式がとりおこなわれた。

村守泉さん。浅草の、ギャラリーｅｆの泉ちゃん。僕が暮らした東京時代の天使。一九九六年に工事がはじまり、一九九七年にオープンしたギャラリー＋カフェ。関東大震災さらに戦災を生き残った、江戸時代の蔵を改修し、唯一無二のギャラリーとした。オープン以来ほぼ毎日、僕は、漆塗《うるしぬ》りの床に腹ばいになってゲラを読み、終わったら昼寝し、夕方にはビールを飲んで、そのまま深夜まで飲んだくれた。国内から、外国から、大勢の人間が訪れた。そこに必ず泉ちゃんがいた。画家、彫刻家、音楽家、そして猫。誰をも迎えいれ、抱きあげ、ちょうどよいところに置いた。どんなひともｅｆでは深い息をつき、自分本来の時をとりもどすことができた。それは彼女の魔法だった。泉ちゃんは「時間の女神」だったのだ。

僕が結婚することになったのも、落語を見たあと、園子さんがｅｆのトイレで酔いつぶれ（金輪際ないことだ）、眠りこけてしまったのがきっかけだ。以降、なにかあれば家族で訪れ、蓄音機でレコードをかけ、漆の床で小説を書いた。猫の銀次親分とひとひは仲良しだった。小一になったいまも猫の鈴ちゃんとは親しくしている。

泉ちゃんとは、夫婦、恋人、兄弟をこえた縁、ふたご以上の縁を、僕は、勝手に感じていた。『プラネタリウムのふたご』のラジオコマーシャルのナレーター役に、広告会社から、彼女がたまたま指名されたり。僕の友人も家族も、全員、浅草ではｅｆを訪れ、泉ちゃんの歓待を受けた。

その泉ちゃんが、猫みたいな微笑みを浮かべながら、この世のからだを脱ぎ去り、透明な存在となった。泉ちゃんは最後まで自分らしさを貫いた。おだやかでしたよ、と牧師さんは温厚に笑った。ペテロ教会の時間は、特別だった。いまも特別だ。生まれて暮らしてきた五十余年の時間から、そこだけくりぬいて、保存されてある感じ。オルガンの音ががやき、陽光が金色のメロディを奏でる。泉ちゃんはこの時間を永遠に生きている、と、僕はそう信じているし、日々、ふとしたときに実感してもいる。

とき、ところ変わって、二〇一七年十一月の京都。岡崎の、聖マリア教会のバザーを訪れた。ひとひの加入しているビーバースカウトの本部でもあり、牧師の藤原先生とは顔なじみだ。その藤原さんから「ひとひくん、小一にならはったんやったら、クリスマス・オラトリオ、出てみませんか。要するに、こどもたちの、クリスマス劇です」とお誘いがあった。ひとひにきいてみると大乗り気。

翌週の土曜、はじめてのミーティングに参加してみると、近所のこどもたち、おかあさんたちでごった返している。人見知り、物怖じしないひとひは、三人いる羊飼いのうちひとりに決まった。そして、ぼーっとしていたら、僕もいつのまにか、ある家のおとうさん（ナレーター）役に決まっていた。舞台の端に立ち、男女ふたりのこども役に、

「ねえ、クリスマスって、なんの日か知ってる？」

「イエスさまは、うまごやでお生まれになったんだよ」

などと語りかける役だ。標準語で！

登場人物は、マリアさま。ヨセフさま。大天使ガブリエルと天使たち。羊飼い。三人の博士。それに「お星さま」。みんなこども、おとなは僕ひとり。

「じゃあまず、歌ってみましょう」と、音楽監督の先生がピアノを弾きはじめる。「イエスさまがおうまれになったおはなし」という歌。歌詞、メロディとも古典的で、ずっとある賛美歌かと思ったら、現代の作曲家が作ったという。他にも「さあ、いってごらんなさい」「クリスマスのおほしさま」など、何百年も歌い継がれてきたような歌ばかり。配られた解説書を見て驚いた。縁あって、よく存じ上げている、京都のとある会社の社長さん

の名前があった。

Tさんとしておこう。京都生まれのTさんは、幼い頃、ここ、マリア教会の幼稚園に通い、学生時代を東京で過ごした。音楽を愛していたTさんは、信仰のために、その技をふるって、これらの歌を作った。Tさんの文言を読んでいくうちあっと息をのんだ。Tさんは書いている。

「私が日曜学校（阿佐ヶ谷聖ペテロ教会）の一教師として子供たちのために、一連のクリスマスの歌を作曲したのも、子供たちがそれぞれの年齢に合った楽しい歌をうたいながら、理屈ではなく、心からイエスさまのお誕生を祝う気持ちがわかり、それを表現していけたらすばらしい、と思ったからです」

Tさんが学生の頃これらを書いた、そのとき阿佐ヶ谷聖ペテロ教会に集っていたこどもたちの声が、耳の奥にふわっと、響きわたった気がした。目の前で、ひとひを含む、京都のこどもたちが口をぱくぱくとさせて歌っている。

Tさんは書いている。

「このオラトリオは、現代の子供二人と教師一人が、二千年前の昔をのぞき込む、という形で進んでいきます」

時間の魔法。

毎週土曜、僕たちは集い、練習を重ねた。はじめはてんでんばらばらだった歌声も、だんだんと様になってきた。日々暮らしていくなかでも、Tさんの歌が、ひとひのからだに少しずつ、確実に入ってくる。

宿題しながら、ミニカーを並べながら、鴨川沿いを歩きながら、「むかし、むかし、イエスさーまーが、おうまーれに、なった、おはーなし、おはー、なー、しー♪」「わたしはちーさーい、ひつじー、かいー♪」

仮で衣装をつけた天使たち、博士、羊飼いたちは、二千年前から目の前にひょっこり飛びだしてきたようにみえた。あるいは、百年後、二千年後も、きっと同じように、特別な光に輪郭を溶かせ、ぼんやりとこの世から浮きあがり、光り輝いてみえるのだろう。

オラトリオの本番四日前、十二月二十日の夕方、僕は浅草のギャラリーｅｆを訪れた。泉ちゃんのお母さんと叔母さん、村守さん姉妹にTさんの楽譜を見せると、

「あら、Tさんじゃない」

と、懐かしげに笑った。みんなペテロ教会で育ったのだ。

僕が、じつはこのクリスマスイブの朝、ひとひが羊飼いの役をつとめ、僕も、ナレーターの役で出演するんです、といったら、お母さんは、口に手を当ててしばし黙った。そして、曙のようにやわらかく微笑み、いった。

「いずみも、うたったのよ、毎年」

幸せな沈黙、というものはある。二十四日の朝、ステンドグラスの光を浴びて、しずしずと歩んでくる、十歳の泉ちゃん、七歳のひとひ、さまざまな年齢のこどもたち、老いた羊飼い、おごそかな博士たち。はしゃぐロバや犬や馬。もちろん、ふだんのペースを崩そうとしない猫たち。

過去だけでない、未来もいまもすべて包みこんで、時間が光り、金色の鐘を鳴らす。クリスマスとは、ひとりの聖者が生まれた日、というだけにとどまらない。別なとき、別なところにいる、と思いこんでいるひと同士が、実は隣りあい、「きんじよ」にいるのだと、福音のように知らせてくれる日だ。

二〇一七年十二月二十四日の朝、京都聖マリア教会に、おおぜいが集った。おとなも、こどもも、輪郭をもつひとも、もたずに透明でいるひとも。

本来そこに集まるはずのないひとたち、と思いきや、みな、そこに来ることは、実ははじめから決まっていたのだった。

「ディンディンディン、こえもたからかに」こどもたちは歌う。「さあ、いってごらんなさい、ダビデのむらへ、さあ、いってごらんなさい、ダビデのむらへ」。僕たちは出かける。そして、そこでそれぞれのみどりご、懐かしい女神、本当の「生」に巡り会う。

第３５回　阪堺電車上町線

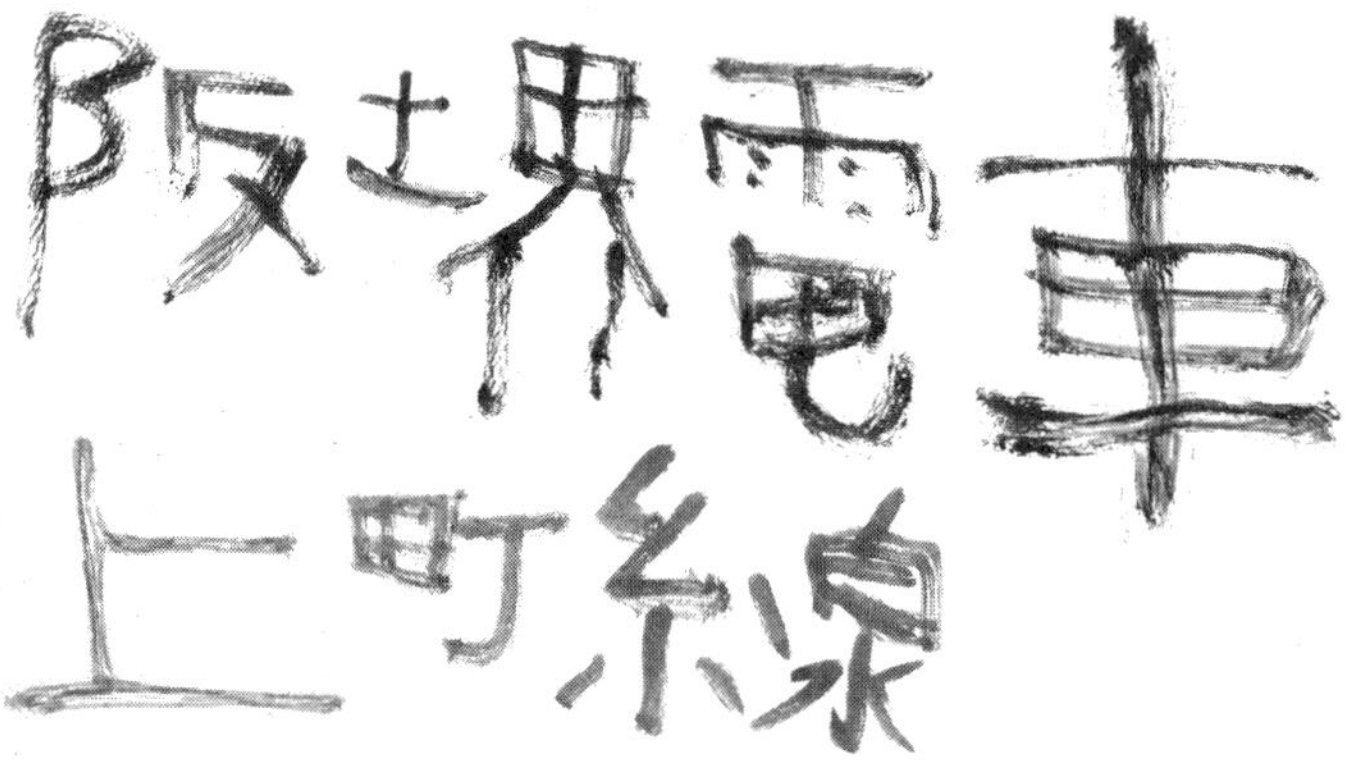

現代のこどもたちにとって、年末から年明けにかけては、まさしく夢のゴールデンウィークかもしれない。クリスマスには、必ずサンタさんがおもちゃをもってきてくれる。年末は夜更かしのし放題。お正月には少子化の折、一極集中でお年玉が集まってくる。

おもちゃを扱っている店は、ヨドバシカメラでもトイザらスでもジョーシンでも、元旦の朝から勢いよく、シャッター全開であいている。仮面ライダー、トミカ、リカちゃんにレゴ、どの棚の前も、おじいちゃん、おばあちゃんに付き添われたダウンジャケットの子らであふれている。ひと昔前の北京や上海の正月風景に、本邦がようやっと追いついた、と、そんな風情である。

うちは、男ばっかの、四人兄弟だった。いまはそうでもないけれど、それぞれ小学生や中学生だったころは、家計が逼迫《ひっぱく》するくらいよく食べた。餃子はひと夜に三百個。食卓に置かれた鉄板の上のやきそばで、向こうに座っている兄の顔がみえなかったのを覚えている。

そんな兄弟でも、クリスマスはやはり特別だった。ひとりに一本ずつ、「とりのあし」が出た。二十五日の朝は枕元に包装紙にくるまれたプラモデルや図鑑が置いてあった。

大阪でいちばん古い塾を経営していた父は当時、ミナミの帝王なみに羽振りがよかった。だからお正月には、塾関係のおとなやおにいさんおねえさんがたで、家のなかが、それこそおせち料理のお重みたいにごった返し、次から次に、サントリーオールドが空になった。

お正月は要するに、おとなのものだった。どこかへ遠出できるわけでもないし、元旦を過ぎれば、神社や万代池をぶらつきながら、早いとこ、学校、はじまってくれへんかな、なんて願ったりしたものだ。

京都での、うちのクリスマスは、マリア幼稚園のオラトリオが中心だった。イエスさまを拝みにいく羊飼いとして、この日を迎えられることなど滅多にない。

夜はやはり「としのあし」。寝る前にひとひは、毎年、お座敷のちゃぶ台に、飲み物と「あて」を用意する。寒い夜をこえてくるサンタのために。去年はグラス一杯のワインと生ハムだった。今年は千枚漬け、すぐきと日本酒の四合瓶だった。

二十五日の朝おきると、「ごちそうさま、おつけもん、すっごいおいしかった！」と書かれた手紙が残され、お漬け物の皿と四合瓶は空になっていた。そしてクリスマスツリーの下に、包装紙にくるまれた包みがふたつ。あけてみると、「しんかい６５００」の海洋堂の模型と、『深海の生きもの』というＤＶＤつき図鑑だった。ひとひの現在の興味を見事にすくいあげた「サンタＣＩＡ」の諜報活動に拍手。

「東京のおばあちゃん」からは、大きなレゴの箱が届いた。警察ヘリコプターのキットである。早速ひとりで組み立て、去年のクリスマスにサンタからもらった南極観測用ヘリコプターとちゃぶ台に並べた。「しんかい６５００」も出動し、海難レスキュー活動の遊びがまるまる三日つづいた。そして年末、大阪の実家に移動した。

塾をたたんだ父、ほっとした母。四人兄弟とそれぞれの奥さん四人。そして、やはり男ばっかのこどもたち四人。僕も昔そうだったように、「しんせきのおにいちゃん」というのは一種あこがれの対象だ。こどもたちはダマになって家じゅうを転がりまわり、紅白歌合戦、笑ってはいけない、などをＢＧＶに、おや、と思っている間に、犬の年がワンと来た。

塾関係のおとなが来なくなったかわり、ひとひを含めたこどもたちが、正月のあいだじゅう子犬のように家じゅうを駆けまわっていた。「大阪のおばあちゃん」と奥さんたち、そして子らが毎日、万代池の広場で本気でサッカーをした。年のはじめから、みんなの靴が埃《ほこり》まみれになったが、埃だけでない、なにかこの時期だけの特別な光を、その輪郭にまとってみえた。

五日には新幹線に乗って東へむかった。沼津駅の待合室で待っていた「東京のおばあちゃん」と合流し、前に、三崎まるいちの美智世さんといっしょにいった、伊豆「三養荘」に逗留《とうりゅう》した。うちの家がまるまる入りそうな広大な部屋、広大な庭で、ひとひはやはり、正月の光を彗星《すいせい》の尾のようにたなびかせながら駆けまわった。見ているだけで幸福そうな「東京のおばあちゃん」を見ている園子さんを見ているだけで幸せな気持ちになった。お正月の光は、ひとをつなぎとめる目にみえない糊だ。

おとなたちは子どもにクリスマスプレゼントを贈り、お年玉を渡す。こどもたちも、ただ、もらいっぱなしではない。年老いたおとなにとって、こども自体がサンタクロースであり、こどもたちひとりひとりが、特別な光を帯びたお年玉なのだ。

年の瀬から年初へ、へびからいぬへ、たすきが渡され、時間がくるっと循環する。その回転に乗って、おとなからこどもへ、こどもからおとなへ、大切なものが贈られる。くりかえされる回転のなかで、こどもたちはだんだんとおとなになり、新しいこどもたちと向かい合って、くるっ、くるっ、と循環を生きる。みんなこうして、玉のような時間を、次の世代へ、次の世代へと受け渡し、そうしていま、二〇一八年の犬が、光の尾をピンと立て、僕たちの前にすわっている。

二日の朝、ひとひはお年玉のポチ袋をリュックに入れてジョーシンに出かけ、大阪の実家そばを走る阪堺電車上町線の模型と、トミカの「日産リーフ」を買った。

三日の朝母と弟が数えてみると、今年はワインが三十本と少し、日本酒の一升瓶が十本、焼酎が一本、缶ビールが五十本あいた。去年より若干少ない。こどもから、ずいぶんとおとなになったみながみな、少しずつ、少しずつ、循環の勢いが鎮まってきた、ということなのかもしれない。

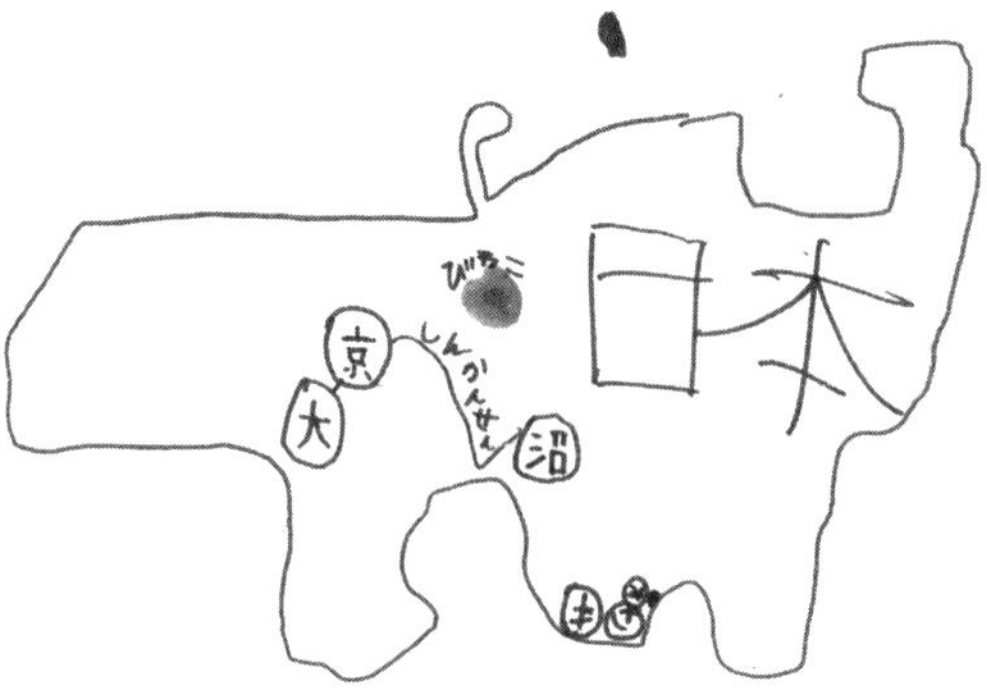

第36回　じきゅうそう3200メートル

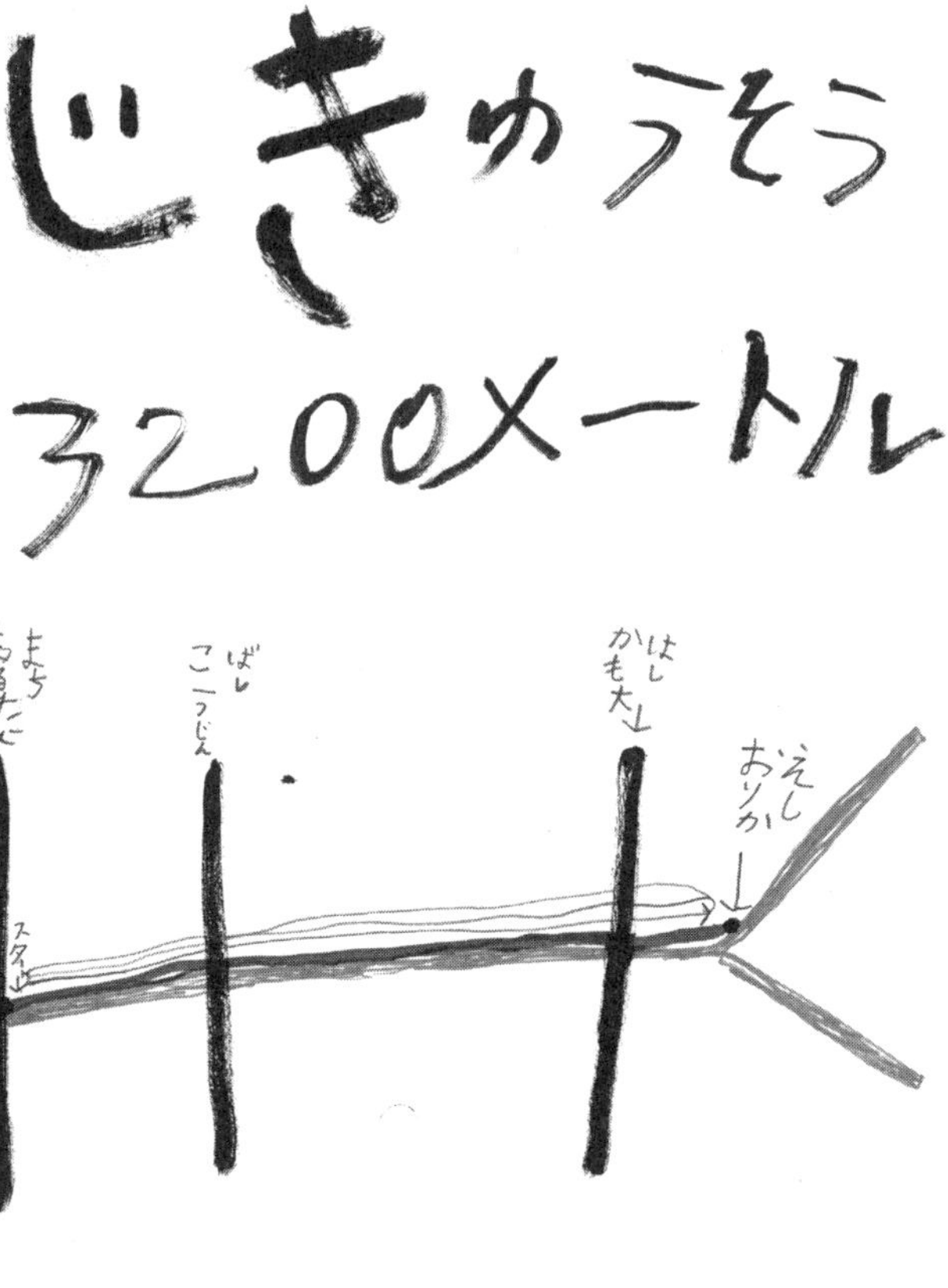

近所も近所、息をとめて路地を東へ走り、ミシマ社を左手に見つつT字の交差点に出れば、そこがもう鴨川の川辺。犬に、鳩、鴨や鳶、魚たちとヌートリアの楽園。そしてランニング天国。

分厚いジャージのおっちゃん、背の高い外国人カップル、真剣な顔の女性、中学生の一団、少年野球団。次から次に、それぞれのスピードでひとが走ってくる。僕も走る。

ひとひが小さかった頃は、僕ひとりで鴨川の東岸を、丸太町橋から下鴨神社まで、軽いジョギングで往復していた。およそ三キロほどの距離を二十分くらい。

ひとひが生活団の六さい組のとき、ランニングの目標を北大路バスターミナルに定め、そのため、毎朝ふたりで、丸太町橋から賀茂大橋までを往復して走った（「きんじよ」第26回「北大路バスターミナル」参照）。途中の広場で十分くらい、散歩中の犬たちと遊ぶのも日課に。駆けまわったりボール投げたりおやつあげたり。犬好きなのに犬の毛アレルギーのあるひとひに、ある日飼い主の奥さんが軍手をくれた。ひとひは犬たちの絵を一枚いちまい描いていっては、それぞれの飼い主にプレゼントした。

小学校にはいると朝起きられなくなるのは誰しも同じ。ただ、足のサイズはどんどん大きくなって、靴を買い換えるそのたびに、新しい運動靴で、鴨川の河原を走りたがる。ぼくはえんえんジョギングだが、たまに、小学校一年生の足に引き離され、ともすれば、必死でダッシュしてようやっと追いつくこともある。

「こどもって、つかれへんねんなあ」

と、弾む息と動悸《どうき》の底でそんな風に思う。

「しばらく、いっぱいいっぱいのダッシュで走ったたって、ちょっとスピードゆるめたら回復する。乳酸いうもんが、ぜんぜんたまらへんねんな」

京都の前は、信州、神奈川、それに東京。これまで移り住んできたどの場所も、振り返ってみれば、「きんじよ」に、日々走るための絶好のコースがあった。

東京・浅草時代は、いまはスカイツリーが間近に建つ吾妻橋のたもとに住んでいた。マンションの真裏が隅田公園で、そこからスタートして、隅田川にえんえん沿って、メートル表示つきのランニングコースが作られてあった。

三浦半島先端の三崎では、釣り船のぎっしりとまった北条湾を、埠頭《ふとう》沿いに、油壺まで走るのが日課だった。空気の澄んだ冬の朝には相模湾ごしに富士山のシルエットが浮かびあがった。

信州・松本では、ぶどう畑のひろがる扇状地を駆けた。園子さんとふたり住まいの僕のうちが、近所で唯一、デラウェア農家でない家だった。アルプス公園にむかう長い長い坂道、それに、ほとんど誰も通らない裏山の森なんかも走った。

ゼッケンをつけ、集団でスタートし、決まったゴールに一定時間内に飛びこんで、自分をほめてやる、といったマラソン競技にはまったく興味がないが、なぜか、ふっと時間があいたら身軽な服に着替えて走る、ということだけは、もう三十年近くつづけている。

走っている途中、いろいろと、なにか考える。そのうちになにも考えなくなる。考えられない、でなく、頭のなかがひろがって、なにかを考える、という普段のギアが、オートマで切りかわる。ランニングハイ、とまではいかないが、川も海も山も、ふだんよりくっきりとした輪郭をもってみえる。そこを走っているだけでなく、そこに飛び込み、川や海や山や、道や空や風と、溶けている。一体になり、僕自身、海自体、道自体、風自体になっていると感じる。だから、やめないのかもしれない。

京都はマラソン、駅伝が盛んな町だ。冬ともなれば、毎週のように道路を封鎖し、そこここで旗やうちわの振られるなか、全国から集まってきたスリムな男女が、うお、と息をのむようなスピードで駆けぬけていく。小学生のための大会「大文字駅伝」もある。

この一月、ひとひの通う錦林小学校でも、全学年での長距離走大会がひらかれた。おそらく、将来の大文字ランナーを見いだす、そんな目的もあるんじゃないか。コースは、丸太町橋の北から北向きにスタートし、賀茂大橋の下で南へ折りかえし、スタートの丸太町橋に戻ったらまた北へ折り返す。二十分間でどれほどの距離を走れたか、首からさげたカードに、コースのそこここに立つ先生が書き込んでくれる。

その日は寒かった、午後から雪になると予想されていた。鴨川の芝生の上、九十人の一年生たちにとりまぎれて、ひとひは少し、不安そうにみえた。まわりでは同級生たちがワアワアふざけあっているし、応援にかけつけた両親や兄弟に笑顔で話しているこもいるのに、ひとひはぽつんと座り、じー、と川面の鴨や灰色の空をみているか、あるいは顔をむけているだけでなんにもみていない。

「しゅうごう!」

先生の声。立ち上がり、スタート地点にむかう九十人。もう先に三年生、二年生はコースを走りだしており、一年生はつまりしんがりだ。

「スタート!」

号令がかかり、一団は荒神橋のほうへ長細く伸びる生きものみたいに進んでいく。そして橋をくぐり、そのむこうへ消えてしまう。

「どれくらいかかな」

と園子さん。

「さーなー」

と僕。

「大人がジョギングでふつうに走って、十五分で一往復かなあ。ま、一年生の速い子やったら、二十分で、一往復と半分くらいいけるんちゃう？　ふつう、ギリギリ一周やろ」

三年が帰ってき、折り返してまた北へ。二年の速い子は三年の中段に追いつく。もちろん三年でゆっくりマイペースな子もいる。二年の大半が帰ってこようというころ、

「お！」

「うわ」

なんと、一年生の先頭が、もうすぐそこまで帰ってくる。ひとひと同じ、一組のフワくん。ペースは二年のトップ集団とそう変わらない。少し離れて、一年の二位、さらにつづいて三位を含めたダンゴ集団、と、

「あ、ぴっぴ！」

「おーい！　ぴっぴー！　すごいなあ！」

ひとひが思いっきり口をあけて笑いながら目の前を疾駆していく。楽しそうなことでいえば全体でもいちばんかもしれない。さっきの表情は沈んでいたのじゃない。集中していたのだ。それに、忘れていた、ここはまさしくひとひにとって、慣れ親しんだホームコースじゃないか。

どれほど経ったろう、すいぶん離れて、ぞろぞろ、ジョギングペースの一年生集団が走っ

てくる。

「がんばれー」

「もうすぐ折りかえしやぞー！」

「一周もどってきたー」

顔見知りの子らが手を振ってくる。彼ら彼女らも、親たちが応援してくれるのを、こうして楽しんでいる。ただ、突っ走っていくのがひたすら楽しい、といった、ひとひやフワくんの感じはない。陸上競技の指導をしている先生の目には、もっとはっきり違いがみえるだろう。

「はい、にじゅっぷーん！」

のコールがかかり、ほっとした子どもたちはゆっくり歩きだした。それでも、三年にも二年にも、刻限をすぎたにも関わらず、足が動くに任せて走りつづけるひとがいた。一年にもいた。ひとひが荒神橋のほうからダッシュしてくる。さっきと同じか、それ以上に嬉しそうに、顔じゅう口いっぱいにして笑っている。

「ぴっぴ、すごかったな！　どこまでいったん？」

「うーん、かも大橋まで、二かいめいって、おりかえしてすぐで、二十ぷんなった」

「しんどなかった？」

「ぜーんぜん」

と笑い、またもや丸太町橋のほうへ駆けだしていく。

子どもだから、つかれない、乳酸がたまらない、のじゃなかった。ひとひは長距離走に向いているのだ。鴨川のコースや犬たちに見守られ、ストライダーで培ったスピード感のおかげで。

そうとわかってふりかえってみれば、ひとつ腑に落ちたことがある。どうして京都で、マラソン、駅伝が盛んなのか。じつは簡単なことだ。それは、この町がきっと、走っていて楽しいからだ。そして京都を知るひとは、そのこともよーく知っている。

ミシマ社の敷地から十秒ほど離れたところに、生粋の京都人で、ご夫婦ともアスリート、という家族が住んでいる。ふたり、見事なまでにランナー体型で、仕事も、ちがうスポーツジムでそれぞれ指導者をされている
その奥さんがいつか、こともなげに、

「うちは、よう走るからね。郵便物、京都市内やったら、ふつうに、自分で走ってもっていくし」

とつぶやいたことがある。頑健な足さえあれば、この町では、「きんじよ」はどこまでも広げることができるのだ。

第37回　うま馬ウマ

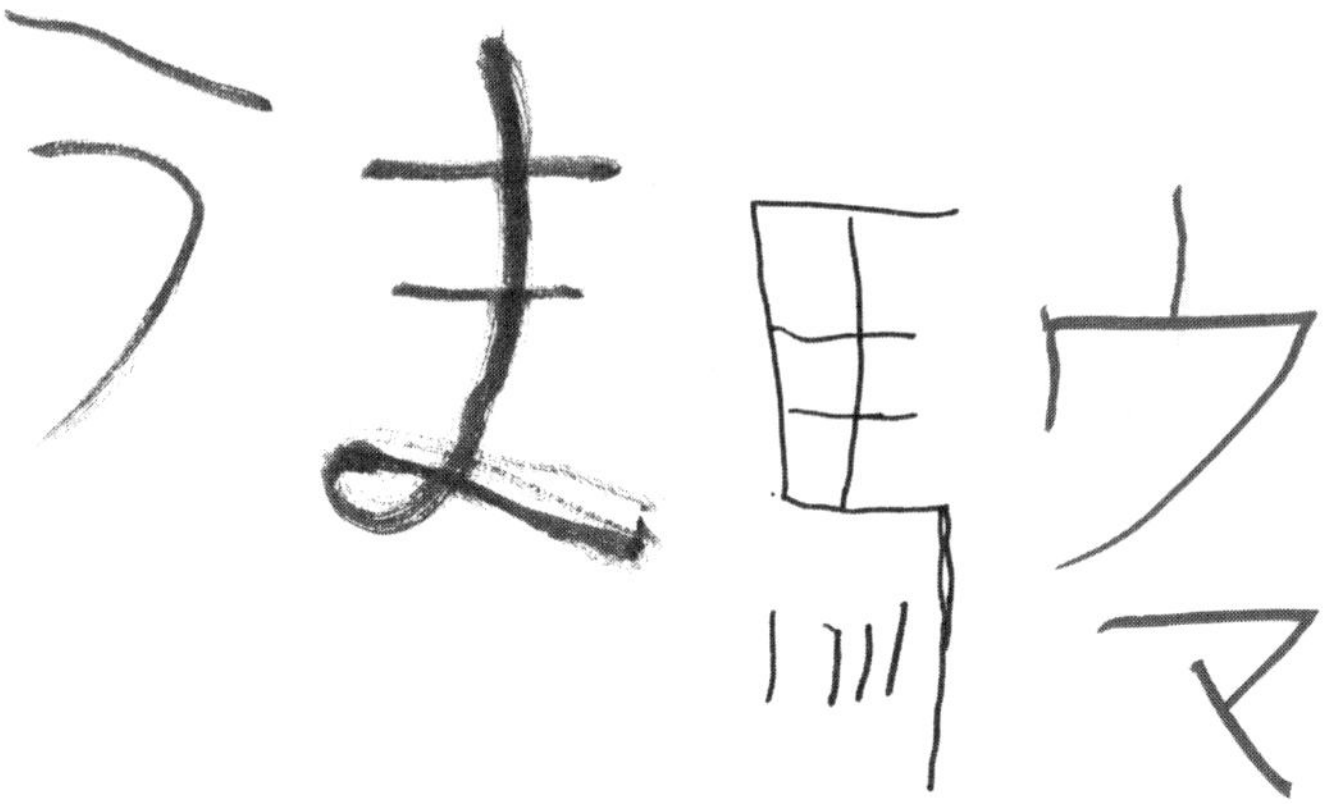

揺れるからだ。ぶれる輪郭。

ずれ、重なり、破裂する呼吸。

「はい、しんじさん、足、前いきがち！」小川先生の声が飛ぶ。「内股にしめて、手綱もっと短く！　ユリシーズは、頭もっとあげないと、ぜったい速歩にならへんよ！」

僕の前の、そのひとつ前にひとひはいる。鐙《くら》を踏んで、リズミカルに全身を揺らせて。雨上がりの馬場の、しきりで円周状にかこわれた区画。ひとひの本日の相棒は、白黒まだらのサラブレッド「キープ・ザ・フィールド」号。僕は前回から、二回つづけての「ユリシーズ」号。

あ、ちゃう。騎乗回数は、一回、二回やなくて、一鞍、二鞍、て数えるんやった。


今年の春、馬をはじめた。

馬「と」はじめた、のほうが、実感に近いかな。馬と、ひとづきあいならぬ、馬づきあいをはじめた。

馬と僕たちのつきあいは、ことばを使う。ひとのことば、馬のことば。お互い、耳をたて、見つめ合い、ことばのむこうの息づかいをまさぐる。気づかぬ間に、いつのまにか、自分の知らなかった自分が馬の目でむきだしにされている。

はじめは、無料体験だった。京都駅で園子さんとひとひがチラシをもらった。園子さんとしたら、

「馬に乗れるのって、ぴっぴにしてみたら、きっと楽しいわ。宮古にいくたび、ティーダくんにも乗ってるし。しかもタダだし」

くらいの気持ちだったとおもう。場所は八幡市、京阪電車で十五分くらいの樟葉《くずは》駅から、京阪バスでさらに十五分ほど走ったところにある、乗馬クラブ「クレイン京都」。内部さん、という丁寧な先生が出迎えてくれた。

ひとひがはじめて乗った馬は、サレナちゃん、という。まったくビビることなく、さっと鞍にまたがると、内部先生に指示されたとおりに背をのばし、両足で、とん、とん、と馬の横腹を蹴った。お、おー、ゆっくり歩きはじめた！

「よくやった、ってときは、はっきりとした声で話しかけて、首の付け根を叩いてあげるといいよ」と内部先生。

「サレナちゃん、ありがとー！」とひとひは叫び、首を、ぽん、ぽん、と叩く。

「もっと強く！　サレナはぜったい痛くないから、思いっきり！」

どん、どん！　力いっぱい叩く。サレナはきっと、「なによ、こいつ。でも、いつもより軽いし、楽やわ」くらいには感じてくれているだろう。馬体の揺れに合わせて、鐙を踏

みしめ、立つ、すわる、立つ、すわる、立つ、すわる、立つ……。

鞍から降りるときの、ひとひの顔は明らかにこう告げていた。このクラブへの入会は、自分のなかでもうすでに「決定」だと。

内部さんから聞いたから、「内部情報」ということになるんだろう、じつはこのクレイン京都、二年後に近くの敷地へ移転することになっており、それまでの限定会員なら、入会金がなんと無料！　そしてその家族も、入会金無料！　あとは月会費と、その度ごとの騎乗料を払うだけ。二年限定でも、小学生の低学年で毎週馬に乗れるのは、たぶんこれからのひとひの一生のなかでも、けして小さくない、豊かな経験にちがいない。

そして僕も、便乗して、入会することにした。馬に乗ることでうまれてくる物語が、まちがいなくあるはずだ。

その日からほぼ毎週末、京阪電車に乗って乗馬クラブにかよっている。僕もひとひも騎乗時の服装は同じだ。ブーツ、手袋、ヘルメット、それに、エアバッグを内蔵した乗馬ベスト（落馬したらふくらんで身を守る）。先生に連れられ厩舎にむかい、その日乗る馬に話しかけ、手綱を引いて馬場へむかう。

乗馬クラブの馬たちはたいがい、競馬の一銭を引退したサラブレッドだ。ひとひはこれまで「ワンボーイ」「クークーダーダー」「キープ・ザ・フィールド」と、三頭の馬匹に騎乗。僕は初回は「テキサス」、その後二回つづけて「ユリシーズ」だった。「さえない男が街を一日じゅううろつきまわる」有名な小説と同じ名前だ。

まだたった三鞍だけれど、ひとひも僕も、以前、自分が馬とは無縁だったころの生活をもう思い出せないくらいだ。こんなにも馬がひとにとって大きい存在だとは、想像したこともなかった。また、これぐらい、子どものころにはじめておいて正解、といった習慣は、ほかにないんじゃないか。

まず姿勢。腰を落とし、ぴん、と背筋を伸ばしてまっすぐ前を向くのでなければ、馬には乗れない。ほんとに乗れないのだ、前にうしろに、左右に落ちてしまう。落馬しないためには、自分の体幹を、はじめは意識し、そのうち無意識に、たえず馬の重心に合わせてバランスをとっている必要がある。否応なしに、姿勢がよくなってしまうわけだ。

また、鞍や手綱の装着、あぶみの調整などの「馬装」は、騎乗者みずからが行う（はじめのうちは先生に手伝ってもらうけど）。巨大なサラブレッドに相対し、いま、なにをすればよいのか、自分で考え、自分で手を動かす。こないだ厩舎の隅で、中一くらいの男の子が堂々と一頭の馬を抑え、蹄にはさまった泥と草をかきだしていた。自転車でもオーディオでも、自分で修理したり、手入れしたりできるほうが、かっこいいに決まっている。

さらに、コミュニケーションの問題。馬はひとのこころを読む。口先だけではまったく通用しない。ことばをこえて、馬とひとはつながる。信頼し、信用させる。そのために、こころを鍛えなければならない。裏返せば、馬とのつきあい、やりとりは、こころの鍛錬にほかならない。

鞍にまたがる。あぶみに足をかけ、馬の両脇をやさしく、「さ、歩いて」と念じながら蹴る。まちがいなく馬は歩きだす。強く蹴れば速歩。手綱に体重をかけて引けば停止。首の付け根を思いっきり、二度、三度、と叩きながら「ありがとう、ユリシーズ」などと声をかける、これを「愛撫」という。

考えてみれば、人一倍、乗物好き男子、かつ、動物好き男子のひとひにとって、「動物×乗物」である馬は、いってみればこれ以上ない、理想の趣味にちがいない。「ありがとー、キープ、ザ、フィールド」馬上のひとひが、手を懸命に伸ばし「愛撫」している。耳を動かし、声のほうに向ける。鼻を鳴らしたり、首を曲げたり。こういうのはぜんぶ、馬のことば。

ふだんのことばが通じないから、ひとひはより懸命に、馬のことばのむこう、馬のこころに手を伸ばす。一心に叩きながら「たのしいなあ、ありがとー」と声をかける。それは人間のことばだけれど、かしこいサラブレッドたちには、ぜんぶわかっているにちがいない。だから耳をたてる。だから静かに立ちつくす。だから、おだやかな目で笑っている。

動物と人間の秘密をさぐる、長い旅の入り口に立つ。蹄の音に導かれ、ことばの奥の、太古からの暗がりへ、僕とひとひは、一歩、また一歩と歩みこんでいく。

がつ　にち　ようび

二月二十四日　土よう日

うまにのったよ

きょう、くずはのじょう

ばクラブにいきました。

じょうばクラブのおので

ふせんせいにおしえてもら

いました。なにをおしえて

がつ　にち　ようび

もがったというと、うまののりかたです。れんしゅうのときのせてくれたうまは、ワンボーイくんという名まえのうまです。さいしょにするのはなみ足です。それから早足をしました。

(　　　)

がつ　にち　ようび

それから、五ふんきゅうけいしてから、手いれのしかたをれんしゅうしました。おしえてくれたせん生は小川せん生です。　手いれのれんしゅうにつかったうまは、くげんでいったら百さいのうまです。そのうまは、ジプシーキングという名まえのうまです。のってみてすごくいいきもちで、だんだんうまをかいたいきもちになってきました。

※小学一年の二月に、ひとひ君が書いた作文です。

第38回　はじめて　FLY ME TO THE MOON

ハイハイするようになって、ひとひは、毎朝おきるとまっすぐ、僕の部屋を目指してくるようになった。シングルレコードを収めた長細い段ボール箱の前にすわり、手にしたレコードをなんでも、引き抜いては投げ、引き抜いては投げ、引き抜いては投げ。

好きな歌は、クレイジー・キャッツ「スーダラ節」、小林旭「自動車ショー歌」、スペンサー・デイヴィス・グループ、ザ・フー、ザ・ジャムなども。いちばんのフェイヴァリットは、一九五〇年代ロンドンのアイドル、アルマ・コーガンのうたうスタンダード「フライ・ミー・トゥ・ザ・ムーン」。

あれは八月だったから生後十ヶ月。ある朝ひとひは、いつものようにハイハイでやってきて、なにげなく段ボール箱に手をかけ、すっ、と一枚引き抜いた。みると、アルマ・コーガンの「フライ・ミー・トゥ・ザ・ムーン」。

「おおっ、いっぱつか。やるなあ」

といって僕は盤をターンテーブルに載せ、ひとひを抱っこし、曲に乗せて躍る。ひとひはキャイキャイよろこんでいる。

段ボール箱には二百枚ほどの外国盤がランダムに突っこんである。そして五十年代六十年代のイギリス盤、アメリカ盤は、ジャケットなどなく、レーベルの英字で演奏者と曲を見分けるほかない。字など読めないひとひには爽快な一発だったろう。

次の朝、ひとひがハイハイではいずってきて、また段ボール箱に手を入れ、さっ、と一枚抜いた。取りだしたのは、やはり、アルマ・コーガンの「フライ・ミー・トゥ・ザ・ムーン」にほかならなかった。

「ふつかつづけてって、すごいなあ」

そして三日目、ひとひはまた、「フライ・ミー・トゥ・ザ・ムーン」を抜いた。キャイキャイ笑いながら。いっしょに歌をききながら、僕は少し考えた。スリーブや盤をほかと見比べ、どこにも特徴がないことをたしかめた。そして、園子さんと三人で朝ごはんを食べたあと、部屋に戻って、レコード箱のなかの並びを、いっそうごちゃごちゃにかき乱した。

四日目の朝、ひとひはまっしぐらに畳を横切り、レコード箱の前にやってきた。そしてクロールのように腕をまわし、左手を箱のなかにざぶんとつっこんだ。そして、レコードを一枚つかんで引きあげた。アルマ・コーガンの「フライ・ミー・トゥ・ザ・ムーン」。

僕は生後十ヶ月のひとひにむかって土下座し「すみませんでした。よけいなことをしました。もう、すきなだけ、すきなレコードをひいてください」と謝った。ひとひはおもしろそうにキャイキャイ笑っていた。

その夏、ひとひの「フライ・ミー・トゥ・ザ・ムーン」一発引きの朝は十日連続してつづいた。超能力、というわけでは、たぶんない。その十日間、ひとひの前の、あの段ボール箱のなかのレコードはきっと、すべて「フライ・ミー・トゥ・ザ・ムーン」になっていたのだ。だから、どれを抜いてもそれにしか引き当たらなかったのだ。

うまれてはじめて書いた漢字が「茶」だった。本書の五三ページに出ている。子どもは文字を、はじめてその前に立つ、ある種の「風景」として見る。じっくり、じっくりと見る。そしてうつす。大胆に。ていねいに。手や腕だけじゃない、全身を波打たせて。

模造紙に腹ばいになったり、壁に落書きしている小学生を、うしろから見てみる。「きょうりゅうが、なきました」「ドラえもん、ふんころがし」。肩が、背骨が、腰が動き、空間に透明な文字を描いていく。文字を書くとは、踊りのことなのだ。

絵や地図も同じこと。目と手先でやっていると思い込みがちだが、小さな子がなにか描くとき、彼ら彼女らのからだは、その絵のなかに完全に「はいっている」。ずぶずぶ頭まで「浸っている」。だから、楽しい。だから戻ってきたくない。この世のすべてが絵に、漢字に、音楽に、かんたんに変わる。全身で飛びこめばいい。クロールの要領で泳ぎだせば、どこかから、必ず「フライ・ミー・トゥ・ザ・ムーン」のメロディがあふれだし、体内を満たす。からだが、「フライ・ミー・トゥ・ザ・ムーン」そのものとなる。

大人になると忘れがちだ。誰にだって、はじめて書く文字があった。はじめて目の当たりにする漢字は、風景にしか見えなかった。絵を描き、うたをうたった。そのたび全身で浸りきった。

そんな記憶がない、というひとがいる。じゃあ、うたでなく、虫だったかも。土や壁の模様や雨だれ、星だったかも。ほんと、忘れがちだけど、「はじめて」をもたなかった人間など、この世にただのひとりさえいない。そして、無数に出会う「はじめて」のうち、なにかに全身を浸しきったことのない子どもも、ひとりだっていやしないのだ。

はじめての自転車。

はじめての持久走。

はじめての外国旅行。

はじめてのプレゼント。

大人になったら、じゃあ、はじめて、はなくなってしまうのか。すべて、慣れきったなにかの繰り返しにすぎなくなるのか？

そんなのは、ただの手抜きだ、と僕はおもう。

昨年の秋、僕は、はじめて、もともと自分のうちだったゲストハウスに、宿泊客として泊まった。神奈川県三浦市、三崎の家に、家族といっしょに。もうなくなるのが自然、と思いこんでいた大切な家に。

二階のベッドに寝転ぶと、天井板はすべて取りはらわれ、高々と、屋根裏までが見通せた。まるで船に乗っているようだった。腹ばいになり、ガラス窓をあけてみる。赤い城ヶ島大橋がまっすぐに伸びる、見慣れた、北条湾の風景が、まあたらしい漢字みたいにそこにあった。僕は「きんじよ」に帰っていた。園子さん、ひとひといっしょに。そこはなつかしく、あたらしい場所だった。

はじめての外国語。

はじめての、年下の恋人。

はじめての盆栽。

はじめての人間ドック。

こどもの頃を思いだすと、僕たちにもひとりひとり、距離も厚みもことなった、「きんじよ」があった。そこに入り込み、膝を丸めて座っているだけで、息が自然ととととのう。無理にはしゃぎまわる必要はない。いい子ぶらなくたっていい。

だのに、ひとりじゃない。

そこには、見えなくても、誰か、ひとがいる。次の角を曲がったら、はじめてだけれどなつかしいステキなことが、まちがいなく待っている。だから、角を曲がる。また、次の角。さらに次。さあまた次の角。また次、とどんどん角を曲がって、そうして僕たちは、いま、ここにいるのだ。

生きているかぎり、字を書き、風景を見わたし、歌を口ずさんでいるかぎり、そこはいつだって、「きんじよ」にほかならない。


ミシマ社のこちら側に、ひとひいわく「レトリバーのおっちゃん」北岡さんが住んでいる。むかし飼っていたラブラドール・レトリバーが大好き。毎朝、錦林小学校までの交通路の「みはり」をしてくれている。

「おはよう！」

「おはようございますー」

「きぃつけていっといで！」

その温厚さ、毅然な様は、失礼ながら、近所を守るレトリバー犬のようなのだ。

今朝ピンポーン、とドアベルが鳴って、ハーイ、と飛びだしていったひとひ、

「おお、おはよう」

と玄関に北岡さんがいて、大いに喜ぶ。

「おはよー！」

「ああ、あのな。うちのメダカ、そこんとこの水槽に、十匹いれといたから」

と、北岡さんは指さす。そう、うちの玄関先にもメダカの水槽があって、この寒い冬を四匹が乗りこえた、と思っていたら三匹に減ったばかり。そしてもう春だ。

「ありがとー、ありがとー！」

靴下のまま、外へ出るひとひ。水槽のなかをじっと食い入るように見つめる。その背中の上から、北岡さんは覆いかぶさるようにして、

「あれ、ぜんぜん動きよらへんな。底にいてるやろ。なんか沈んどる……」

そういってひしゃくでトン、と水槽を打つや、十数匹のメダカが、ぱぱっ！　と花火みたいに散らばった。その勢いに、うははは、と爆笑するひとひ。

北岡さんは軽くうなずき、

「もう来週やな。二年生や」

「うん！」

古い水槽のなかで、あたらしいメダカたちが、ツイツイ泳ぎまわっている。桃色の星雲みたいな桜吹雪のなか、耳にはきこえない、ちょうどいい距離をおいて、誰かが「フライ・トゥ・ザ・ムーン」を口ずさんでいる。

本書は、「みんなのミシマガジン」（mishimaga.com）に「きんじよ」と題して2015年12月から2018年4月まで連載したものを再構成したものです。

いしいしんじ

一九六六年大阪生まれ。作家。現在、京都のミシマ社の「きんじよ」に在住。お酒好き。魚好き。蓄音機好き。二〇一二年『ある一日』で織田作之助賞、二〇一六年『悪声』で第四回河合隼雄物語賞を受賞。『ぶらんこ乗り』『麦ふみクーツェ』『ポーの話』『海と山のピアノ』（以上、新潮社）、『みずうみ』（河出文庫）など著作多数。

きんじよ

二〇一八年六月三日　初版第一刷発行

著　者　いしいしんじ

発行者　三島邦弘

発行所　株式会社ミシマ社
郵便番号　一五二-〇〇三五
東京都目黒区自由が丘二-六-一三
電話　〇三（三七二四）五六一六
FAX　〇三（三七二四）五六一八
e-mail　hatena@mishimasha.com
URL　http://www.mishimasha.com/
振替　〇〇一六〇-一-三七二九七六

ブックデザイン　名久井直子

印刷・製本　株式会社シナノ
組版　有限会社エヴリ・シンク

ISBN　978-4-909394-05-7

手売りブックス

本が売れないと決めつける前に、「どう届けるか」をもっともっと探ってみたい。
そんな思いを「手売りブックス」というシリーズ名に込めました。

第一弾　2018年5月　一挙五冊刊行！

『きんじよ』いしいしんじ

著者と息子・ひとひ君の住む「きんじよ」には、いろんなお店とへんてこな大人たちがいっぱい。皆で少年を育てているような感覚になる、名エッセイ。

ISBN978-4-909394-05-7 1500円

『佐藤ジュンコのおなか福福《ふくふく》日記』佐藤ジュンコ

お腹いっぱい、胸いっぱい。ちょっとばかりおっちょこちょいなジュンコさんの、春夏秋冬、ほがらかな日常を描いたコミックエッセイ。

ISBN978-4-909394-06-4 1500円

『究極の文字を求めて』松 樟太郎

自分オリジナルの文字を作ることに青春を捧げた著者が考えた「究極の文字」とは――。古今東西の文字を使って遊び倒す、爆笑必至の一冊。

ISBN978-4-909394-07-1 1500円

『京をあつめて』丹所千佳

京都に住み、京都を愛する編集者が綴る、春夏秋冬を彩るかわいい、おいしい、切ない、楽しい、心踊る「京」の断片。

ISBN978-4-909394-08-8 1500円

『おむすびのにぎりかた』文・宮本しばに、写真・野口さとこ

酒蔵の杜氏、僧侶、染色家、醤油屋……日本各地で暮らすさまざまな人たちのにぎる「おむすび」のおいしさの謎を、料理研究家が訪ね歩く。

ISBN978-4-909394-09-5 1500円

（価格税別）